SOCIÉTÉS SECRÈTES

De Léonard de Vinci à Rennes-le-Château

DU MÊME AUTEUR

LE COMMUNISME, coll. « Que sais-je ? », PUF, 2001.
J'AI VU FINIR LE MONDE ANCIEN, Grasset, 2002.
AU FIL DES JOURS CRUELS : 1992-2002, *chroniques*, Grasset, 2003.
L'ODYSSÉE AMÉRICAINE, Grasset, 2004.
RENDEZ-VOUS AVEC L'ISLAM, Grasset, 2004.

ALEXANDRE ADLER

SOCIÉTÉS SECRÈTES

De Léonard de Vinci à Rennes-le-Château

BERNARD GRASSET
PARIS

Pour écrire cet ouvrage,
Alexandre Adler s'est grandement inspiré de la série
d'émissions qu'il a produite pour France Culture,
diffusée du 28 août au 22 septembre 2006, sous le titre :
« Histoire de... *Da Vinci Code* »

ISBN 978-2-246-72401-8

Tous droits de traduction, de reproduction et d'adaptation
réservés pour tous pays.

© *Éditions Grasset & Fasquelle – Radio France éditions, 2007.*

*A tous mes amis chercheurs de la vérité,
partis à la chasse au Lion Vert
et qui aboutiront à l'Œuvre au rouge.*

Da Vinci Code,
une réaction alchimique

Le roman de Dan Brown, le *Da Vinci Code*, a été un succès mondial. C'est un phénomène historique en lui-même, bien au-delà des thèses qui y sont défendues. Un public immense a voulu prendre connaissance de ce roman, à la fois roman à rebondissements à la Ponson du Terrail, énigme policière, mais aussi révélation historique prise au sérieux par nombre de ses lecteurs. Le *Da Vinci Code* est devenu un phénomène de société bien plus qu'un phénomène littéraire.

Tout d'un coup, une partie importante de la population du monde s'est passionnée pour un roman dont la trame est assez simple. Il s'agit de la découverte d'un assassinat commis au Louvre, celui d'un conservateur. Alors que celui-ci perdait déjà son sang en abondance, il s'est placé dans une position curieuse. L'un de ses amis, un érudit américain spécialiste de la symbolique religieuse, qu'il aurait dû rencontrer le lendemain, est convoqué par la police pour tenter d'élucider le mystère. Cet érudit parvient à déchiffrer un certain nombre des symboles qui ont été laissés par la malheureuse victime. Il fait également la connaissance de la nièce du conservateur assassiné, commissaire de police spécialisée dans le trafic d'œuvres d'art, mais aussi dans la cryptographie.

Peu importe la vraisemblance de l'argument. Très vite, les deux enquêteurs, qui tombent amoureux, se mettent à la recherche de ce que la mise en scène symbolique du conservateur assassiné implique : l'existence d'un trésor caché. Là, on entre dans un conte à la manière de Lewis Carroll. Le lecteur traverse un écran invisible qui lui masquait une réalité occulte...

Les deux enquêteurs aboutissent dans un château normand où règne un vieil original anglais, du nom de Leigh Teabing – on verra plus loin qu'il est la contraction bizarre du nom de trois auteurs d'un best-seller plus ancien que le *Da Vinci Code*, Baigent, Leigh et Lincoln. Ce

Leigh Teabing explique à nos deux enquêteurs que la clef de ce crime est à chercher du côté d'une société secrète, le Prieuré de Sion, qui veille sur un immense secret : la filiation de Jésus.

Jésus, loin d'être le célibataire que l'on décrit dans les Evangiles, aurait été un homme de son temps, c'est-à-dire un juif croyant pour lequel le mariage était le premier des devoirs. L'épouse de Jésus aurait été Marie-Madeleine qu'ensuite l'Eglise s'ingéniera à diffamer en en faisant une prostituée, ce qui aujourd'hui n'est plus admis par la théologie catholique officielle.

A la fin du livre de Dan Brown, nous découvrons que la descendante directe de Jésus n'est autre que... la jeune commissaire de police, laquelle avait été protégée, après la mort accidentelle ou non de ses parents, par cette mystérieuse société. Le Prieuré de Sion poursuit à ce jour ses activités, et le cœur de son action symbolique est la chapelle de Rosslyn, non loin d'Edimbourg en Ecosse. Rosslyn serait le point névralgique où se seraient retrouvés les héritiers des Templiers du Moyen Age et des Rose-Croix de la Renaissance, afin de conserver et de perpétuer ce secret, avec l'idée, un jour, de voir l'Europe et le monde dirigés par un véritable descendant du Christ. C'est ce à quoi le Prieuré de Sion croit de tout son être, avec une force de conviction supérieure, celle d'une foi surnaturelle qui, dans le film, s'opposera victorieusement aux tentatives matérialistes, celles de Leigh Teabing qui, malgré ses dénégations, cherche l'or caché du Prieuré; et spiritualistes, celles de l'Opus Dei, dénoncée comme une véritable conspiration criminelle.

Bien entendu, ce roman comporte des épisodes rocambolesques qui peuvent faire sourire ou provoquer l'indignation du lecteur averti. Les adversaires du livre noteront déjà que tous les sens uniques de Paris sont faux, que les horaires cités au fil du roman sont impossibles. Ces erreurs trahissent la hâte et l'incertitude de la main. L'auteur n'a pas travaillé la topographie de Paris ni les horaires de chemin de fer. Pas davantage il n'a fait le tri entre d'une part les élucubrations et d'autre part les inventions d'un certain nombre de polygraphes, et les éléments réellement troublants de cette histoire.

Il n'empêche que, pour qu'un vaste public plébiscite un tel livre, c'est qu'il remue des forces profondes dans l'inconscient de chacun comme dans l'inconscient collectif de l'Occident.

Pour ma part, je vois dans ce succès un désir collectif très puissant. L'Europe et l'Occident – aujourd'hui déchristianisés mais de culture chrétienne – cherchent à faire la part des choses entre le récit des Evangiles, parfois inacceptable pour la raison, et la haute figure de Jésus que l'incohérence des textes ne parvient pas à entamer ; à faire la part entre la tradition et la réalité historique, que l'on comprend de mieux en mieux grâce à la philologie et à l'archéologie.

A cela s'ajoute la découverte progressive qu'un certain nombre de versions de l'histoire culturelle – notamment du Moyen Age et de la Renaissance – ne sont pas satisfaisantes. Or ces énigmes ont préoccupé de grands esprits depuis deux siècles. Il n'y a rien d'étonnant à ce qu'un jour, un romancier investigateur – comme, en France le furent avant lui Nerval, Barrès, Maurice Leblanc ou Jules Verne –, doué du savoir-faire industriel de l'Amérique, ait produit une « réaction alchimique » qui dépasse son auteur.

Car ce sujet ne date pas de Dan Brown. Dès les années 1980, une véritable mode, occultiste au commencement, s'est abattue sur un petit village du sud de la France, dans le département de l'Aude, Rennes-le-Château, qui est apparu comme la clef d'une des énigmes les plus importantes de l'histoire européenne.

Les auteurs du premier best-seller qui révélait cette histoire, *L'énigme sacrée*, sont trois Anglo-Saxons : Baigent, Leigh et Lincoln. Ils n'ont d'ailleurs pas manqué de faire un procès en plagiat à Dan Brown, lequel procès s'est conclu par la victoire de Dan Brown. Ils ont commencé à travailler sur ce sujet un peu par hasard, au milieu des années 1960, pour une émission très populaire de la BBC. Ils ont recueilli des témoignages qui les ont mis sur la piste de ce grand mystère. Mais leur source principale semble avoir été un chanoine anglican d'Oxford, le révérend Bartlett, qui avait été mis au courant par l'un de ses prédécesseurs, le chanoine Lilley, d'un certain nombre d'aspects troublants de l'histoire de Rennes-le-Château.

Par la suite, les trois investigateurs prennent contact avec un écrivain français qui les a précédés dans cette voie, un certain Gérard de Sède, qui collabora à leur entreprise. Et les voilà qui compilent, qui recherchent, qui interviewent, qui tournent bientôt le film de leur enquête. Ce sera l'un des grands succès d'audience de la BBC, un peu comme l'avait été *Belphégor* à la télévision française dans le domaine de la fiction. Les spectateurs de la télévision britannique se passionnent pour cette histoire de Rennes-le-Château, avec ses tenants et ses aboutissants brumeux, ses portes qui grincent et qui s'ouvrent sur des abîmes.

Le livre qui suit l'émission de télévision est également un best-seller, bientôt traduit en français sous le titre *L'énigme sacrée*, au début des années 1980. Il touche un public important en France, sans qu'aucun journal sérieux en rende compte. Il sera bientôt suivi d'un second volume, plus décevant et surtout plus décousu. Ces parutions vont donner un coup de fouet étonnant au tourisme dans les Corbières. Depuis le début des années 1980, du mois de juin jusqu'au mois de septembre, ce sont des caravanes entières d'Anglais ou d'anglophones qui viennent se rendre compte *de visu* que le village de Rennes-le-Château existe, que l'étrange résidence construite au début du XXe siècle par l'abbé Saunière au sommet de ce village existe tout autant, ainsi que la chapelle restaurée, d'un pur surréalisme, et que toute cette terre, d'une beauté à couper le souffle, cèle de vrais et grands mystères.

Auparavant, un certain nombre d'auteurs français spécialisés dans l'occultisme, l'ésotérisme ou les histoires à mystères, avaient déjà effleuré le sujet. A mesure qu'on remonte ce fil d'Ariane, nous arrivons au début des années 1960, lorsque apparaît pour la première fois la révélation d'une société, le Prieuré de Sion, qui a même déposé ses statuts à la préfecture d'Annemasse, non loin de Genève, mais qui serait présente, selon ses fondateurs, sous une forme ésotérique depuis des temps immémoriaux. L'existence de ce Prieuré de Sion expliquerait à elle seule l'extraordinaire mise en scène qui est celle de l'église de Rennes-le-Château, ainsi que les abîmes de la vie du curé Bérenger Saunière, mort le 22 janvier 1917, date qui ne serait en rien due au hasard, étant donné son importance dans la mythologie de Rennes-le-Château.

Le terrain avait donc été longuement préparé, bien avant Dan Brown, par une production littéraire anglaise et française, souvent supérieure par son érudition et son sérieux.

Chez les Anglais, où le caractère irrévérencieux et sceptique de l'esprit public est très développé, on n'hésite pas à utiliser cette veine pour remettre en cause les vérités révélées de l'Eglise. En France, où le catholicisme reste une puissance intellectuelle, on préfère évoquer les mystères liés à quelques grandes énigmes de l'histoire de France, depuis Jeanne d'Arc jusqu'au Masque de fer, en passant par les conflits médiévaux entre l'ordre des Templiers et la monarchie française naissante, ce qui a donné, comme on sait, le succès des *Rois maudits,* que l'on doit au talent de Maurice Druon.

D'une manière ou d'une autre, cette explosion littéraire était préparée. Les matériaux étaient accumulés. Il y avait une volonté de savoir.

Au départ, car il faut bien un point de départ, même s'il est très difficile d'en trouver un dans cette histoire, il y a un curé de campagne du nom de Bérenger Saunière. L'homme est intelligent. Il a étudié au grand séminaire de Narbonne. Il est issu d'une famille de paysans de la haute vallée de l'Aude qu'on appelle le Razès. Son frère cadet est lui-même prêtre et a été précepteur dans une grande famille aristocratique de la région. Bérenger Saunière se trouve, assez jeune encore, nommé dans une toute petite paroisse, Rennes-le-Château, située au-dessus de la vallée de l'Aude, dans un coin reculé des

Corbières. Les paysans y sont pauvres. Ils vivent d'un peu de vigne et d'un peu de polyculture, comme on le faisait à l'époque. La cure n'est pas moins pauvre et, à plusieurs reprises, Bérenger Saunière aura du mal à joindre les deux bouts, comme en témoignent ses livres de compte.

Puis tout change. Bérenger Saunière, qui a manifesté assez tôt un intérêt archéologique pour le village de Rennes-le-Château, commence à se livrer à des fouilles. Il est visiblement initié à certains mystères de la région par son collègue curé du village voisin de Rennes-les-Bains, en contrebas de Rennes-le-Château. Un beau jour, il découvre des manuscrits qui auraient été cachés dans un pilier creux de son église. C'est le commencement matériel de toute l'affaire.

Ces manuscrits, il serait allé les faire expertiser à Paris par des érudits ecclésiastiques connus, eux-mêmes en rapport avec des courants quelque peu hétérodoxes de l'Eglise catholique, puisque liés à ces cercles ésotériques si nombreux à la Belle Époque, et qui sont un des charmes et l'une des faces cachées de cette période d'apparence rationaliste.

L'expertise des manuscrits opérée, Bérenger

Saunière rentre chez lui. Commence alors une période de prospérité inégalée, laquelle s'accompagne de la venue à Rennes-le-Château de célébrités et de visiteurs de toute nature. C'est ainsi qu'un sous-secrétaire d'Etat aux Beaux-Arts, de centre gauche et franc-maçon notoire, qui est l'élu du département, Dujardin-Beaumetz, et une cantatrice très connue, Emma Calvé, qui avait eu pour le curé des gestes de tendresse, deviennent des habitués du village.

Rennes-le-Château se transforme, puisque Bérenger Saunière y fait construire une magnifique villa à la place de la modeste cure qu'il occupait. Il restaure l'église d'une manière étonnante et y ajoute bientôt une mystérieuse tour, dite tour de Magdala – allusion à Marie-Madeleine –, qui domine la région et fait face aux contreforts des Pyrénées. Sous cette tour de Magdala court une sorte de souterrain, dans lequel des salles succèdent aux salles. On peut encore les visiter, et elles donnent le sentiment d'une espèce d'organisation mystique, comme si ces lieux avaient pu aussi servir à des séances d'initiation ou de spiritisme. On a là un spectacle un peu méphitique, agrémenté par la décoration surréaliste de l'église, à l'origine mérovingienne. On découvre aussi dans le vestibule un diable gigantesque au visage contracté, qui provoque une peur de film d'épouvante (avec le panneau où est écrit en latin *« terribilis est locus iste »*, « ce lieu est terrible », ou plus littéralement « ce lieu confère la peur »). Dans le chemin de croix de cette église, apparemment classique, on aperçoit quelques personnages peu orthodoxes, comme un jeune Ecossais en pantalon de son clan, sinon en kilt, clin d'œil au rite écossais rectifié de la franc-maçonnerie symbolique traditionnelle, et un damier qui rappelle de façon frappante les sols des loges maçonniques. Bref, une décoration qui aurait dû faire froncer les sourcils à l'Eglise de cette fin de XIXe siècle...

Ce n'est rien à côté de l'hétérodoxie, très matérielle celle-là, de l'apparition, chez ce curé de campagne désargenté, de fonds considérables, surtout à l'époque du franc germinal, qui ne connut aucune érosion depuis sa création par Napoléon Bonaparte. Aujourd'hui, l'ensemble architectural édifié par Saunière équivaudrait à un investissement de plusieurs millions d'euros, ce qui vaut à l'époque à son auteur le surnom de « curé aux milliards ».

D'où est venu cet argent? Pourquoi a-t-il été

accordé à Bérenger Saunière ? Et pourquoi, avant la Première Guerre mondiale, les choses changent-elles soudain ? Bérenger Saunière est mis en cause par un nouvel évêque, qui s'appuie lui-même sur un nouveau pape, Pie X, très en retrait par rapport à son prédécesseur Léon XIII. Saunière est traduit devant le tribunal d'officialité. Rome le sanctionne, mais le maintiendra finalement dans ses fonctions de curé... Après des difficultés de toutes sortes, et l'élection de Benoît XV, on le voit de nouveau en fonds, avec des projets nouveaux, des devis considérables et, c'est vrai aussi, des angoisses. Quelques mois avant sa mort en 1917, sa volonté d'étendre son domaine devient délirante, au point qu'aujourd'hui encore, celui-ci paraît considérable, tant par son ampleur que par sa destination toujours mystérieuse.

La mort par crise cardiaque enlève Bérenger Saunière à ses chimères. Puis le silence retombe sur cette petite région du Razès et sur les mystères que seule la fidèle bonne du curé, Marie Dénarnaud, semble connaître. Cette dernière ne parla jamais ou alors par bribes incompréhensibles et emportera, dans les années 1950, le secret de Bérenger Saunière dans sa propre tombe.

Tout cela n'aurait qu'une valeur purement anecdotique et de l'ordre du folklore local, si n'avait filtré, d'abord dans la région, puis au-delà, l'information selon laquelle le véritable trésor dont Bérenger Saunière aurait été l'inventeur, avait des répercussions d'un caractère bien supérieur à une banale chasse aux lingots ou à l'exhumation d'objets présentant une certaine valeur historiographique.

On a prétendu que c'étaient les parchemins découverts dans le pilier rond du balustre de son église qui avaient valu à Bérenger Saunière des subventions importantes, en rapport avec le secret que ceux-ci recelaient. Il est certain que Saunière n'avait pas accumulé beaucoup d'argent d'un coup, puisqu'il dépendait, pour la poursuite de ses travaux, de versements qui se sont échelonnés dans le temps. Quelqu'un le poussait, l'organisait, le convainquait d'aller dans un certain sens, de réaliser telle décoration, de donner telle indication, dans le rébus savant qu'était devenue son église paroissiale. Comme si une société secrète avait voulu livrer des bribes pour permettre à chacun de déchiffrer une partie du mystère... C'est au milieu des années 1950, lorsqu'un journaliste d'investigation en semi-retraite du nom de Noël Corbu se rend acquéreur du domaine abandonné de Bérenger Saunière dont il tâchera de faire un hôtel-restaurant, que l'affaire prend une dimension publique.

A la même époque, nous sommes en plein dans l'affaire du « trésor des Templiers », révélée par le gardien du château de Gisors en Normandie, un certain Roger Lhomoy. A son tour l'affaire Saunière va prendre une certaine ampleur et déchaîner des controverses de plume, qui ne s'arrêtent pas là. Dans le même temps, une nouvelle association, le Prieuré de Sion, se manifeste à partir du début des années 1960, et lance sur le marché de l'investigation journalistique un certain nombre d'informations, les unes troublantes, les autres farfelues, qui vont dans leur égrènement provoquer tout à la fois l'irritation et le scepticisme. Ces informations vont aussi imposer, pour le meilleur ou pour le pire, certaines questions fondamentales.

Où l'on voit apparaître l'étrange Monsieur Plantard...

Les lecteurs auront constaté qu'il y a, dans cette affaire, un grand nombre de balivernes, d'inventions pures et simples, en tout cas de quoi déclencher la saine interrogation d'un sceptique, même modéré. Qu'est-ce que cette histoire de curé de campagne qui voit d'un coup sa fortune enfler, qui se retrouve dans une position délicate à l'égard de l'Eglise officielle, et qui semble détenteur d'un secret que tout le monde essaie, sinon de lui arracher, en tout cas de lui acheter? Le caractère peu compréhensible de l'affaire a rendu nécessaire un certain nombre d'investigations.

Le premier point qui a été étudié, et qui a généralement suffi à discréditer le récit initial, c'est sinon le problème de la personnalité réelle de Saunière, en tout cas celui de l'homme qui a assuré la diffusion de ce récit à partir des années 1960. Le personnage est intéressant ; il s'appelle Pierre Plantard. Rien qu'à prendre connaissance de sa biographie, on aurait tendance à dire : « Circulez, il n'y a rien à voir à Rennes-le-Château. » Qui est en effet Pierre Plantard ? Au fil de l'affaire, Pierre Plantard se présentera comme le descendant d'une très ancienne et très noble famille. Il ajoutera d'ailleurs à son nom de Plantard le pseudonyme de Saint-Clair, homonyme de celui, écossais, qui s'orthographie Sinclair en langue anglaise. Plantard se rattache ainsi à l'une des dynasties les plus considérables de la noblesse normande qui fit la conquête de l'Angleterre avec Guillaume le Bâtard devenu le Conquérant. Dans la nouvelle orthographe de Sinclair (elle était originaire de Saint-Clair-sur-Epte, en Normandie), cette famille devient l'une des plus importantes d'Ecosse et d'Angleterre. Ce rattachement, qui ne tient qu'à son imagination fertile, n'est que peu de chose à côté des exploits ultérieurs de Pierre Plantard.

Ce dernier, qui est en réalité le fils d'un maître d'hôtel et d'une femme de ménage, dont l'état civil est dûment enregistré dans son acte de naissance à Paris, a toujours mené une existence difficile, à la recherche de financements et de crédibilité, dans une modestie permanente de moyens, et avec plusieurs mariages à la clef... qui cadrent mal avec ses prétentions au trône de France. L'homme avait tout d'un escroc, fût-il de génie de temps à autre, et c'est une des raisons pour lesquelles un mystère demeure au milieu de tant de révélations accablantes autour de sa personne. Pourquoi un tel personnage s'est-il acharné à développer la théorie du Prieuré de Sion et de l'histoire particulière de Rennes-le-Château, alors que, doué en mystification au-delà des habitudes, il aurait pu réussir dans d'autres carrières, tout aussi risquées mais financièrement plus prometteuses ?

Par ailleurs, Pierre Plantard est un personnage politiquement ambigu : lorsque ses engagements successifs seront connus, pour beaucoup, la messe sera dite. Oui, Pierre Plantard a commencé sa brève carrière politique à l'Action française de Charles Maurras, un mouvement au départ catholique, qui le sera de moins en moins, monarchiste, qui le sera de plus en plus, autoritaire, qui le demeurera de part en part, et antisémite – il le sera de façon de plus en plus

SOCIÉTÉS SECRÈTES

lancinante au cours des années 1930. Très vite, cet homme qui n'a pas le goût de la discipline, mais qui aimerait bien diriger à la place des autres, ne se sent pas à l'aise dans le cadre trop positiviste et hiérarchique, à ses yeux, de l'Action française. Il va essayer de mettre sur pied une série de groupuscules ésotérico-politiques, tous situés à l'extrême droite. Le premier d'entre eux, Alpha Galates, adhérera totalement à la volonté répressive du régime de Vichy. Plantard se réclame alors du maréchal Pétain, cherche à obtenir des subventions de Vichy, sans y parvenir, puis entre en relations directes avec la Gestapo, laquelle marque son mépris pour cet homme, qui est à ses yeux l'un des mythomanes assez nombreux que le malheur des temps voyait se porter volontaire dans la collaboration. Rentrée en sommeil, l'association Alpha Galates qui ne compte qu'un tout petit nombre d'adhérents, tous victimes du bagout de Pierre Plantard, disparaît pour réapparaître sous un autre nom... le Prieuré de Sion.

A la Libération, Pierre Plantard réussit, une fois encore, à maintenir ses organisations fantômes d'extrême droite, en les faisant passer pour résistantes, ce qui fait rire les services secrets d'alors, qui ne s'occupent guère d'un si petit fretin. Par la suite, Plantard réussit un coup d'audace étonnant, en fait de mystification, en se prétendant l'un des organisateurs des comités de salut public en métropole qui, après le coup d'Etat du 13 mai 1958 en Algérie, s'efforcent de faire revenir le général de Gaulle au pouvoir. Disons tout simplement que Pierre Plantard, qui a flairé l'occasion qu'offre ce nouveau temps de troubles de 1958, a essayé de se donner un rôle qu'évidemment il n'aura jamais à assumer. Sans doute a-t-il fait partie de ces petits groupes ou de comités d'activistes, surgis comme des champignons parfois vénéneux, au lendemain du 13 mai 1958, comités que le général de Gaulle renvoya dans leurs foyers sitôt que la prise de pouvoir finalement pacifique, avec le consentement gêné de la IVe République finissante, fut organisée.

Il s'agit ici de la dernière percée de Pierre Plantard en politique. Bientôt, ses actions ésotérico-politiques vont déboucher sur tout autre chose, la révélation distillée à des personnes choisies par lui de l'existence d'une organisation secrète aux dimensions bien plus amples que tout ce que l'on connaît, et qui signe le Prieuré de Sion, parfois plus simplement « PS ». Selon Pierre Plantard, le Prieuré de Sion serait en fait une confrérie qui remonterait au Moyen Age classique. Ses grands maîtres auraient été parmi les plus illustres personnages de l'histoire. Cette confrérie se serait toujours donné un objectif aussi flou que capital, celui de rénover moralement l'Europe. L'un de ses objectifs extérieurs aurait été la réalisation de « l'unification du continent », cette unification civilisatrice ne pouvant se concevoir qu'en partant d'un certain nombre de révélations ésotériques, dont la plupart des sociétés secrètes ont lâché quelques bribes depuis deux ou trois siècles. Une histoire beaucoup trop belle pour être vraie, mais à laquelle, grâce au goût avide des lecteurs et à quelques opérations publicitaires de grand style, Pierre Plantard va finir par conférer une espèce de crédibilité.

Plantard en effet n'est pas un médiocre. Il n'est pas suffisant de relater ses tentatives politiques aux frontières de la délinquance et de l'escroquerie pour avoir réglé la question Plantard. C'est un personnage incontestablement complexe. Il va organiser un montage idéologique confus mais remarquable autour de Rennes-le-Château, qui permettra à un certain nombre de chercheurs et d'écrivains proches de lui de commencer – volontairement ou non – à nourrir le mythe et à en tisser une trame historique presque crédible.

Quels sont ces montages ? Essentiellement l'introduction en douce, à la Bibliothèque nationale, au dépôt légal – c'est-à-dire comme si le livre avait été imprimé véritablement par un éditeur –, de quelques plaquettes qui font des révélations sur des aspects inconnus ou méconnus de l'histoire de France. Il y aura ainsi un faux pur et simple utilisant un système de codage, facile à déchiffrer pour des professionnels, qui laisse penser que l'histoire de Rennes-le-Château est beaucoup plus complexe que ce qu'on peut imaginer...

Comment sait-on qu'il s'agit de faux introduits les uns après les autres ? Parce que le principal auteur de cette opération, ami et associé de Plantard, un aristocrate belge du nom de Philippe de Chérisey, finira par avouer au micro de Francis Blanche dont il était l'ami et bien souvent le complice, l'origine des falsifications en se les attribuant. Bien sûr, les déçus de cette affaire diront que le « vrai faux aveu » de

Chérisey était là pour masquer tout le sérieux de sa démarche.

Sans aller jusque-là, on peut affirmer que les documents déposés à la Bibliothèque nationale, plus les révélations distillées ici ou là, présentent une certaine cohérence. Il s'agit en effet pour les auteurs du canular de prétendre que, si Bérenger Saunière a connu une telle fortune, c'est qu'il était détenteur d'un secret d'une ampleur au moins équivalente. Ce secret serait celui de la filiation mérovingienne – tenez-vous bien – d'un certain nombre de grandes familles françaises, lesquelles familles françaises seraient candidates au trône de France. Et qui est le premier et le plus important de ces candidats, sinon Pierre Plantard de Saint-Clair, lui-même le plus ancien descendant en ligne directe de Clovis et des Mérovingiens ? Nous sommes loin de Jésus, mais la révélation est d'importance...

De quoi s'agit-il ? Tout simplement de ceci : la dynastie mérovingienne s'épuisait en combats fratricides et tombait dans une anarchie de plus en plus grande. Il suffit de lire le volume les concernant de *L'histoire de France* de Michelet, pour avoir le sentiment d'une chronique de plus en plus épaisse, de plus en plus indémêlable de rivalités personnelles, d'assassinats, d'horreurs diverses qui aboutissent, comme nous le savons, à la prise du pouvoir par les maires du palais. Ils seront les véritables Premiers ministres de cette France première, et installeront bientôt à la tête du pays une dynastie nouvelle, la leur, celle des Carolingiens, qui accomplira la première unité de l'Europe occidentale. *Exit* ou plutôt *exeunt*, en bon latin, les Mérovingiens.

Mais non, nous disent les documents du Prieuré de Sion, les Mérovingiens se sont mieux tirés qu'on ne le croit de cette terrible situation de déclin. L'un d'entre eux, Dagobert II, qui fut assassiné, et que l'Eglise canonisera, aurait eu un fils, qui se mariera et s'alliera à des familles des comtes du Razès, c'est-à-dire les seigneurs d'origine de cette région où se situe Rennes-le-Château, dans la haute vallée de l'Aude. L'un de ses descendants a donc survécu et maintenu une filiation mérovingienne. C'est un descendant direct de Clovis qui n'a pas été aperçu par les contemporains, mais dont la progéniture irrigue ensuite les principales familles nobiliaires du Languedoc et de la Catalogne voisine.

Deux siècles plus tard, avec le développement de la féodalité, une série de familles, dans le

Sud-Ouest bien sûr, mais aussi dans d'autres régions de France – en Normandie, Lorraine et Bourgogne, en particulier – demeurent apparentées à cet héritier mérovingien, parmi lesquels Godefroi de Bouillon, celui-là même qui organisera la seconde croisade et s'emparera de Jérusalem. Il y aurait ainsi une véritable relève dynastique opérée par les rois de Jérusalem. Ces derniers, après avoir perdu leurs possessions en Terre sainte, reviennent vers l'Europe occidentale médiévale. Certains en savent long sur les origines de ce qu'on appellera, au XVIIe siècle encore, « la première race » des rois de France et sur les implications qu'une révélation de cette filiation bien plus illustre que celle des Carolingiens et des Capétiens – simples usurpateurs ambitieux – aurait sur la succession dynastique légitime.

Il se trouve que la famille de Godefroi de Bouillon s'est survécu dans les ducs de Lorraine, que les ducs de Lorraine ont finalement fusionné avec la famille de Habsbourg. Depuis cette époque, la maison d'Autriche porte le titre de Habsbourg-Lorraine. Il se trouve aussi qu'à côté de ce lien avec la maison d'Autriche, certaines des familles descendant de la croisade ont contracté avec les souverains d'Ecosse. La dynastie écossaise des Stuart succède aux Tudor, en Angleterre, lorsque Elisabeth Ire, « sans enfant », cède la couronne unifiée d'Angleterre et d'Ecosse à son cousin, Jacques Ier Stuart, qui est déjà Jacques VI d'Ecosse. La grande Elisabeth aurait installé à la tête de l'Angleterre un descendant des Mérovingiens, probablement à son insu... du moins si l'on en croit les dossiers secrets du Prieuré de Sion.

Les Stuart étant renversés à deux reprises par des révolutions protestantes, leurs descendants en Europe, protégés par Louis XIV, auraient incarné cet espoir de restauration monarchique, qui fut aussi celui des Guise, apparentés aux Stuart par le mariage de la pauvre reine Marie à Saint-Andrews. Les Guise furent les grands chefs du parti catholique pendant les guerres de religion en France, et également les héritiers du trône de Lorraine.

Autour de cette mythologie, dont beaucoup d'éléments sont évidemment invérifiables, apparaît l'idée d'une ambition dynastique, maintenue à travers les siècles contre les souverains faussement légitimes de toute l'Europe, mais d'abord ceux de France, Capétiens directs et indirects que sont les Valois puis les Bourbon. Ces familles contestataires se seraient transmis un secret de génération en génération, affirmant autour de Rennes-le-Château et de sa région une espèce de centre initiatique qui aurait été le dépositaire de cette filiation mérovingienne.

Prenons le célèbre exemple de Bertrand Russell : « L'actuel roi de France est chauve. » Comme il n'y a pas de roi de France, il peut à la fois être chauve ou chevelu, grand, petit, il est impossible de le définir. Si l'on évoque un descendant mérovingien, on peut assurer cette descendance à qui la veut, étant donné l'enchevêtrement des généalogies féodales et le faible nombre de témoignages écrits valides.

Mais l'idée de cette filiation commence à prendre racine, et bien entendu, s'il y a filiation mérovingienne et complot, alors, pourquoi ne pas y rattacher toutes ces sociétés secrètes, tous ces groupes humains mal définis et encore mystérieux qui se sont succédé dans l'histoire des XVIe, XVIIe, XVIIIe siècles français, et qui avaient peut-être d'autres éléments à transmettre que le maintien d'une hypothétique ambition dynastique ?

C'est ici que Pierre Plantard, qui a commencé à répandre ses thèses historiques sous divers pseudonymes et qui a pris langue avec des journalistes parfois naïfs face à l'énoncé d'un tel mystère, opère avec un certain talent. S'il s'était agi simplement d'une histoire de rivalité dynastique, comme le XVIIe siècle en est plein, avec force concours d'érudition fantaisiste, il y a fort à parier que cette opération mérovingienne en serait restée à une fantaisie pour érudits. Non, le génie de Plantard, c'est d'avoir su combiner à cette mythologie mérovingienne un élément qui passionne les Français : les trésors enfouis de notre histoire nationale. Parmi ces trésors, le plus important, par sa charge émotionnelle, est le trésor des Templiers.

Là encore, il nous faut approfondir. Les Templiers, c'est cet ordre chevaleresque de moines-soldats démantelé par le roi Philippe le Bel au début du XIVe siècle, et dont la puissance avait fait trembler tous les trônes d'Europe. Or, grâce à des indiscrétions, certains Templiers prennent la fuite la veille de leur arrestation. Lorsque les hommes de Philippe le Bel entrent dans le siège central de l'ordre du Temple à Paris, ils n'y trouvent ni l'or ni les trésors artistiques, ni les stocks de métaux précieux, annoncés jusqu'alors comme faisant partie du patrimoine de leurs victimes. Le tout a été mis à l'abri quelque part. Depuis lors, cette course au trésor des Templiers n'a cessé d'alimenter les fièvres de tous les chercheurs.

Au moment où commence l'affaire de Rennes-le-Château, Pierre Plantard se met à développer ses thèses – utilisant des complicités évidentes à la Bibliothèque nationale – pour y faire passer en contrebande quelques manuscrits ou quelques faux ouvrages. Dans le même temps, la France commence à se passionner pour le trésor des Templiers, au château de Gisors.

C'est en effet à Gisors, point stratégique où se rencontrent la Normandie et l'Ile-de-France, que les ducs de Normandie, puis les rois d'Angleterre et leurs héritiers, ont installé des recueils de parchemins précieux et un certain nombre d'autres éléments qui marquent l'importance symbolique du lieu. Bien entendu, Gisors est avant tout une possession de la famille Plantagenêt, les successeurs de Guillaume le Conquérant, qui établissent un empire commun à l'ouest de la France et à l'Angleterre. Cet empire, après l'extinction de cette prestigieuse dynastie, sera la base politique et historique de la guerre de Cent Ans.

Il y avait des Templiers dans le royaume d'Angleterre; ils étaient plus nombreux dans le royaume de France. Mais ces Templiers anglais et normands semblent avoir, eux aussi, joué un grand rôle dans l'histoire de l'ordre du Temple. Et pourquoi ne pas imaginer que Gisors aurait été un refuge parmi d'autres pour cette confrérie désormais pourchassée par Philippe le Bel? D'où l'idée que Gisors pourrait être le réceptacle, lui aussi, d'un trésor. C'est en tout cas ce que pense le gardien du musée improvisé de Gisors, Roger Lhomoy qui, dans les longues soirées d'hiver où il a des loisirs et du courage, explore les sous-sols du château, cherche une chambre secrète, obtient des autorisations pour y entrer malgré les dangers d'effondrement que son activité représente... jusqu'au jour où il affirme avoir entrevu un trésor important renfermé en de nombreuses armoires métalliques, dans une cave creuse du château.

André Malraux, qui est ministre de la Culture du général de Gaulle à cette époque, s'enthousiasme pour la découverte de Roger Lhomoy. Il l'aide à passer outre aux réserves de la direction de l'Archéologie et des Sites. Des travaux sont donc entrepris et ceux-ci menacent d'ailleurs de faire effondrer le château de Gisors, devenu une véritable taupinière. Il va de soi que jamais le trésor des Templiers n'y sera retrouvé. Il n'empêche que dans cette affaire, certains éléments sont troublants – non pas la disparition des trésors, mais plutôt le lien hypothétique de Gisors avec d'autres sites templiers dans le royaume de France.

Si les Templiers ne se sont pas effondrés partout et de la même manière, il est probable que les organismes survivants ont recueilli un certain nombre de traditions essentielles, matérielles tout autant que spirituelles.

Le fabuleux Prieuré de Sion

Nous avons progressé dans cet amas de versions mythologiques qui sont à l'origine de l'immense succès du *Da Vinci Code*. Oui, il s'est bel et bien déroulé, depuis quarante ans en France, un débat sur le mystérieux trésor d'un curé de l'Aude, Bérenger Saunière, trésor qui semble avoir été surtout composé de manuscrits. Oui, un groupe du nom de Prieuré de Sion, créé par un certain Pierre Plantard, se faisant passer pour Pierre Plantard de Saint Clair, dernier descendant des Mérovingiens, a commencé à orchestrer l'importance de ce trésor. Pour cela, des faux ont été réalisés puis déposés à la Bibliothèque nationale. De faux documents codés ont également été réalisés, et des rapprochements ont été faits dans le but de rétablir des familles issues des Mérovingiens sur quelques trônes d'Europe. Et tout ceci serait lié à l'existence d'un trésor, le trésor des Templiers.

On a vu que Roger Lhomoy, le gardien plus que mythomane du château de Gisors, avait attiré l'attention sur lui, que des fouilles rocambolesques avaient été organisées, et que rien n'avait été trouvé. C'est à ce moment-là que se fait connaître un journaliste talentueux du nom de Gérard de Sède, qui écrit un livre sur cette histoire de Gisors, *Les Templiers sont parmi nous*. C'est avec ce livre que commence la véritable odyssée, littéraire cette fois-ci, du Prieuré de Sion et de ses pseudo-révélations.

Mais d'abord, qui est Gérard de Sède? Voilà encore un personnage haut en couleurs, mais quasiment à l'opposé idéologique de Pierre Plantard. Pierre Plantard est un homme d'origine modeste, qui se fait passer pour noble. Gérard de Sède est un authentique nobliau, dont tous les titres sont exacts. Pendant l'Occupation, il a appartenu aux FTP et au Parti communiste. Il a ensuite mené une existence un peu fantasque. Son talent de plume lui a permis de survivre comme on pouvait alors, pigiste dans certains journaux, avant de trouver, à cause de son goût pour l'ésotérisme, un filon qu'il ne va plus quitter, celui des révélations, notamment médiévales. Avec l'affaire de Gisors, son livre devient un best-seller.

Il n'en faut pas davantage pour que Pierre Plantard prenne contact avec Gérard de Sède et lui expose par le menu toute l'ambition dynastique des descendants des Mérovingiens, l'importance du trésor templier, qui ne se trouverait pas à Gisors, mais aurait été opportunément déménagé après une rupture de l'unité originelle du Prieuré de Sion. Cette rupture serait survenue au XIIe siècle sous l'orme de Gisors, un grand arbre où les ducs de Normandie rendaient la justice avant que saint Louis n'ait l'idée de transférer cette activité dans le royaume de France. C'est de là que le trésor templier, un peu plus d'un siècle après cette rupture, après avoir séjourné peu de temps en Normandie, aurait été transporté vers sa dernière demeure : dans le Sud-Ouest occitan. Et c'est ce trésor, augmenté d'autres éléments fabuleux, que Bérenger Saunière aurait retrouvé.

Il n'en faut pas davantage pour que Gérard de Sède s'enthousiasme et écrive son second livre qui s'appellera *L'or de Rennes,* suite logique de *Les Templiers sont parmi nous.* L'auteur a changé le titre à plusieurs reprises, au gré des nombreuses rééditions que l'ouvrage a connues. Mais c'est lui, Gérard de Sède, et personne d'autre, qui va devenir à sa façon le metteur en scène des élucubrations de Pierre Plantard. Elucubrations? Toute la question est là. C'est la position qui a été prise par un grand nombre de ceux qui se sont penchés sur cette affaire : la personnalité de Pierre Plantard d'un côté, la crédulité mêlée de talent de Gérard de Sède de l'autre, avaient de quoi faire éclore cette petite bombe qui, à côté de la grande bombe de Dan Brown, ressemble encore à une pétoire, mais incarne le début de toute la légende.

Gérard de Sède changera à plusieurs reprises ses interprétations de l'affaire. Il est par ailleurs dépendant de sa source, Pierre Plantard, pour des révélations de plus en plus nombreuses, de plus en plus détaillées, même si elles sont aussi de moins en moins crédibles. Plantard aura aussi recours à d'autres collaborateurs, reprenant ainsi le jeu en main et entretenant la concurrence. Certains de ces alliés de plume vont peu à peu donner les clefs de la mystification. Mais Gérard de Sède demeure, par son talent et son style d'apparence rationaliste, l'auteur principal.

Résumons les théories de Gérard de Sède. Elles sont assez ébouriffantes... Nous aurions donc au départ une poursuite de la lignée mérovingienne, et un rejeton caché, Plantard, « le Rejeton ardent » caché dans le Sud-Ouest par la dynastie en voie d'extinction. Cette lignée aurait dû son malheur à un complot de l'Eglise avec les maires du palais carolingiens (déjà l'élément anticlérical méridional qui pointe), qui auraient ensuite imposé le silence sur cette merveilleuse généalogie et, plus encore, sur les traditions dont serait héritière la progéniture préservée de « Sigebert IV » d'Austrasie, le fils de Dagobert II devenu comte de Razès et seigneur de Rennes. Ces fabuleuses traditions seraient celles des premiers rois mérovingiens, avant Clovis, qui auraient entretenu une filiation mythologique avec un dieu ours et transmis une sagesse païenne dont on hésite encore à déterminer les composants essentiels... Le mystère demeure épais, on le voit.

Ces familles mérovingiennes sont réapparues avec la croisade et ont resserré leurs liens lors de la défense du royaume franc de Jérusalem. Ici pointe l'idée de Gérard de Sède, qui n'est pas complètement affirmée dans ses premiers livres, que ces grandes familles infiltrent l'ordre du Temple dès sa fondation, qu'elles y sont représentées, chacune à sa manière, et que, derrière l'ordre du Temple, fondation ecclésiastique que Bernard de Clairvaux a véritablement arrachée à la papauté, il y a eu une structure cachée. Non seulement ce groupement clandestin aurait pris le pouvoir dans l'Ordre, mais il l'aurait détourné de sa vocation première pour en faire le dépositaire ésotérique d'un secret.

Ce pouvoir et ce secret seraient l'origine véritable et lointaine de la chute de l'ordre du Temple. Philippe le Bel, c'est un fait avéré, après avoir demandé à rejoindre l'Ordre sans ordination, voire à en devenir le grand maître pour en coiffer la puissance croissante, s'est fait poliment éconduire. Il décide alors, en alliance avec le pape, d'abattre ces Templiers trop puissants, mais aussi, selon Plantard et Gérard de Sède, détenteurs d'une trop grande légitimité dynastique, la légitimité sous-jacente dont le Prieuré de Sion assure la garde. Ce Prieuré de Sion si puissant devenait extrêmement dangereux une fois que la Terre sainte eut été reconquise par les musulmans à la fin du XIIIe siècle et que les Templiers se furent repliés en France et dans toute l'Europe occidentale, désœuvrés de leur tâche essentielle, et prompts à se reconvertir dans la grande politique.

D'où, au lendemain de cette destruction apparente de l'ordre du Temple, une survie paradoxale des Templiers à travers une société secrète déjà présente à la fondation de l'Ordre, ce célèbre Prieuré de Sion, qui reste l'apanage des familles originaires de la croisade, toutes d'origine mérovingienne.

Nous apprenons aussi, chemin faisant, que c'est au XVIIe siècle que cette ambition dynastique a connu son apogée et qu'elle s'est exprimée dans un certain nombre d'œuvres à clef. Ainsi le célèbre tableau de Nicolas Poussin que l'on peut voir au Louvre, *Les bergers d'Arcadie*. Ces « bergers d'Arcadie » ne seraient pas seulement un chef-d'œuvre de la peinture classique française, mais un rébus qui donnerait à comprendre des secrets lucratifs et lourds de conséquences. Une lettre, authentique celle-là, de l'abbé Louis Fouquet, adressée depuis Rome à son frère, le surintendant général des Finances de Louis XIV, Nicolas Fouquet, parlant de l'exécution de ce tableau et des « nombreux profits » (réels ou symboliques?) qu'on pourrait en retirer, aurait mis le feu aux poudres. La disgrâce de Fouquet, la saisie de tous ses biens, ce ne serait – tenez-vous bien – que la poursuite par Louis XIV des opérations de son lointain ancêtre Philippe le Bel contre les Templiers...

Une fois ce morceau de bravoure lâché, Gérard de Sède évoque une troisième émergence de ce secret à la fin du XIXe siècle, à travers Bérenger Saunière. Y aurait-il eu entre-temps une rupture de tradition? Une perte de documents essentiels? Ou une répression suffisamment efficace pour contraindre le Prieuré de Sion à une clandestinité presque complète pendant deux siècles? Il a fallu orchestrer des légendes nouvelles pour justifier le passage sans transition du milieu du Grand Siècle à la fin de la Belle Époque... Des familles qui sont à la recherche du trésor sans bien savoir le localiser, au moins depuis les troubles de la Révolution française, auraient réussi grâce à Bérenger Saunière à mettre la main sur le secret perdu. Ce trésor apparaîtrait comme un trésor sonnant et trébuchant, qui aurait permis le financement des frasques de l'étrange abbé. Ou ce trésor comporterait des documents, c'est l'autre version qui commence à se faire jour. En tout cas, or ou documents, Bérenger Saunière aura accompli sa mission et aura été rétribué.

Mais à travers la décoration curieuse qu'il a faite de son église, il a voulu aussi laisser des témoignages lisibles aux curieux et à la postérité, et permettre que soit transmis, sur une base beaucoup plus large, le fameux secret.

La légende est lancée. La volonté de restauration mérovingienne est, cette fois-ci, liée à des complots auxquels Pierre Plantard a bel et bien pris part à la fin des années 1940, mais que l'on va magnifier à dessein, celui de la création d'un vaste mouvement européen, qui pourrait reconstituer l'unité du continent à travers un mythe mobilisateur politico-religieux. Ce serait cela, en définitive, le fin mot de l'improbable secret du Prieuré de Sion. Et c'est ce Prieuré de Sion qui aujourd'hui encore, à travers la découverte entrevue de Roger Lhomoy à Gisors, et avant elle, celle de Bérenger Saunière, rétablie dans son importance à Rennes-le-Château, a parsemé de petits cailloux un chemin qui nous mènerait à une réécriture complète de l'histoire dynastique de l'Europe, et bien davantage.

Voilà la thèse de Gérard de Sède, et voici évidemment son extrême faiblesse. On revient aux obsessions de Pierre Plantard. L'Europe, oui, bien sûr, Jean Monnet l'a faite à sa manière, qui ne passait pas par les improbables restaurations dynastiques. Les Mérovingiens l'emporteraient-ils sur les Carolingiens et leurs descendants capétiens ? Ce n'est pas impossible, après tout, que les Mérovingiens aient pu survivre à travers le temps, et que des familles et des groupes chevaleresques se soient attachés d'une manière ou d'une autre à rétablir leur pouvoir. On retrouve une thématique semblable en Chine avec le programme de restauration de la dynastie Ming qui demeure de manière explicite le programme de plusieurs triades.

Mais on ne voit pas en quoi ceci aurait bouleversé la société européenne de fond en comble et transformé notre conception du monde. Il fallait un ingrédient beaucoup plus épicé.

On peut verser au dossier de l'accusation le second livre de Gérard de Sède, dans lequel ce dernier laisse entendre que les Mérovingiens seraient descendants des Martiens ou d'autres extra-terrestres, et mêle hardiment des histoires de soucoupes volantes à celles de la restauration dynastique chère à Pierre Plantard...

C'est à la fois passionnés par les théories de Gérard de Sède et Plantard, mais aussi interloqués par l'importance démesurée que l'on donne à cette affaire dynastique que Leigh, Baigent et Lincoln vont désormais s'attacher. C'est ainsi qu'ils donneront à la théorie de Rennes-le-Château sa forme classique et, si j'ose dire, définitive.

En réalité, la force de Leigh, Baigent et Lincoln est d'avoir conféré une perspective plus large que la perspective française originelle à ce mystère qui, avant eux, irritait par la contradiction entre son cryptage assez fascinant et son importance historique très médiocre. Si l'affaire mérovingienne est relatée et amplifiée dans son détail par nos trois auteurs, si Gérard de Sède les conduit un peu partout sur les sites même où s'origine toute l'histoire, les Anglo-Saxons ont d'emblée des vues plus larges, qui leur viennent du chirurgien et prêtre anglican mal-pensant des années 1920, Bartlett, et du chanoine d'Oxford Lilley, qui avaient eu vent de Rennes-le-Château par des contacts personnels avec des religieux français.

Pour eux, la légende mérovingienne n'est qu'un souvenir-écran, pour reprendre l'expression forgée par Freud, une légende qui elle-même ne serait qu'un nouvel écrin dans lequel on en aurait enfermé une autre. La révélation de ce nouvel écrin serait beaucoup plus importante. Elle est bien connue à présent grâce à Dan Brown qui lui a conféré une dimension mondiale. Ne vous préoccupez donc pas des Mérovingiens. Ce qui est caché derrière les vicissitudes de ces malheureux, c'est en fait la généalogie du Christ...

Cette version révolutionnaire était en gestation depuis un certain temps. Un auteur, membre d'une branche très minoritaire de la franc-maçonnerie, Robert Ambelain, avait publié, avant Gérard de Sède, un ouvrage intitulé *Jésus ou le mortel secret des Templiers*. Selon lui, la persécution de l'ordre du Temple n'était pas née de la volonté politique de Philippe le Bel d'abattre des concurrents en matière de pouvoir, ni de mettre la main sur les trésors considérables que les Templiers avaient rapportés de Terre sainte. Ce sont des causes adventices qui n'ont fait que nourrir un projet bien différent, de portée métaphysique. Ce que Philippe le Bel a réalisé, en abattant l'ordre du Temple avec la complicité d'autres cours d'Europe, dont celle d'Angleterre, et la volonté du pape, c'est de *faire taire* ce grand ordre religieux à l'origine, et qui s'est transformé peu à peu en centre d'irréligion, sans doute sous l'effet d'un long passage en Terre sainte.

On comprend la thèse de Robert Ambelain. Derrière de sordides histoires d'argent et de pouvoir, il y avait un problème théologique fondamental : les Templiers avaient cessé, s'ils avaient jamais commencé, de croire en la divinité du Christ. Pour eux, comme pour les musulmans avec lesquels ils avaient dialogué, Jésus était un homme, un homme qui certes était mort sur la croix pour défendre la cause de l'humanité tout entière. Mais il n'était certainement pas le fils de Dieu conçu par une vierge... Et cet homme était détenteur de conceptions beaucoup plus profondes et en tout cas beaucoup plus surprenantes que celles que l'Eglise nous a livrées par la suite. Toujours selon Robert Ambelain, l'étude du secret des Templiers nous permettrait de remonter peu à peu du Jésus de la légende au Jésus historique. Ce sont ces révélations historiques, accumulées dès la Terre sainte, dans des contacts avec d'autres groupes ésotériques, musulmans par exemple, qu'on aurait voulu empêcher définitivement de filtrer. Ambelain se met ainsi du côté de ceux qui pensent que dans le procès des Templiers, il n'y avait pas une grossière mise en scène visant à décréter hérétique un ordre devenu gênant sur le plan politique, mais une véritable hérésie. Donc, le lourd secret que détenaient les Templiers, c'était que Jésus n'était pas mort sur la croix ou que, s'il était mort, il s'était survécu d'une autre manière – par une postérité.

Robert Ambelain ne va pas tellement plus loin. Il est surtout obsédé par saint Paul dans lequel il voit un mystificateur et un falsificateur. Dans la suite de son œuvre, il ira jusqu'à parler d'escroquerie autour de la crucifixion et jusqu'à faire de saint Paul un personnage particulièrement sombre, qui serait le véritable auteur de l'incendie de Rome sous Néron... On voit que chez Robert Ambelain se mêlent l'anticléricalisme franc-maçon des débuts de la IIIe République, celui de la libre-pensée, et des connaissances sur l'humanisme ésotérique de la Renaissance, qui a parfois refusé la divinité du Christ, et puis des hypothèses sur l'ordre du Temple qui n'ont jamais été vérifiées par les historiens.

Tout cela a été lu et épluché par nos trois auteurs. Mais ils affirment qu'ils ont connu un chanoine anglican d'Oxford, le chanoine Lilley déjà mentionné, qui les a mis sur la piste de Rennes-le-Château en leur affirmant que le trésor qui s'y trouvait n'était ni d'argent ni d'or. Il s'agirait de manuscrits d'origine templière, que Bérenger Saunière aurait exhumés et négociés avec le séminaire de Saint-Sulpice où travaillait un supérieur, l'abbé Bieil, qui l'aurait mis en rapport avec son neveu, Emile Hoffet. Celui-ci, personnage historique connu du monde érudit, aurait déchiffré les manuscrits et les aurait ensuite fait passer en lieu sûr, en Angleterre. Ceux-ci, à travers des codes faciles à déchiffrer, révéleraient que les Mérovingiens seraient cette dynastie héritière de Jésus...

Ainsi, Jésus aurait été marié. Marie-Madeleine et les deux autres Marie, Marie Salomé et Marie Jacobée, seraient, selon la légende, arrivées aux Saintes-Maries-de-la-Mer sur une barque sans gouvernail qui dérivait depuis le Proche-Orient, transportant avec elles un « divin enfant », c'est-à-dire le fils de Jésus. Cette lignée se serait prolongée pendant toute l'Antiquité gallo-romaine et aurait fini par se mêler aux Mérovingiens, lesquels se sauraient, avec un orgueil évidemment exemplaire, les héritiers du fondateur du christianisme. Jésus ne serait donc pas Dieu incarné, mais un homme chargé d'une mission divine.

Par la suite, et selon cette tradition, le parti des Mérovingiens, ainsi créé avec de nombreux avatars, n'a pas eu seulement pour programme de transmettre aux générations suivantes une ambition dynastique somme toute anecdotique, mais une conception radicalement hétérodoxe du christianisme. Celle-ci a trouvé dans l'histoire une série de relais, les Templiers, un peu avant eux les cathares, que les Templiers ont protégés à leur manière dans le Sud-Ouest. Plus tard, les humanistes de la Renaissance, et parmi eux Léonard de Vinci, ont pris la suite dans la chaîne. Enfin, les rosicruciens, les sociétés secrètes du XVIIe siècle, qui ont partiellement fait leur nid dans la franc-maçonnerie, notamment dans certains de ses groupes les plus ésotériques, ont continué à être les dépositaires de cette grande et terrible vérité, jusqu'à nos jours.

Parvenus à ce point de notre enquête, nous pouvons prendre la mesure de la cohérence logique de la thèse rationaliste, celle des partisans du : « Circulez, il n'y a rien à voir », ceux qui tiennent, non sans raisons, au caractère purement mystificateur de cette histoire.

Bérenger Saunière n'était-il qu'un pur mystificateur ?

Si on laisse de côté le caractère fantasque ou picaresque des différents héros, il apparaît que le centre même des pseudo-révélations sur le Prieuré de Sion ne provient, sous sa forme élaborée, que d'une seule personne : Pierre Plantard. Toute sa vie, Plantard a été un mystificateur, pour ne pas dire plus. Il a d'ailleurs eu maille à partir avec la justice à plusieurs reprises. C'était un homme dont le talent était certainement bien supérieur à ce qu'il a pu faire de sa vie. Mieux maîtrisée, son imagination en aurait fait un romancier, un écrivain, voire un chercheur.

Mais le destin en a choisi autrement : Pierre Plantard a préféré falsifier des documents, introduire toute une légende qu'il savait mensongère ; et cela dans un but dont la mégalomanie n'a jamais été absente.

Un certain nombre des révélations qu'il a distillées par l'entremise de Gérard de Sède, puis par Baigent, Leigh et Lincoln, ont eu pour effet d'amplifier formidablement ces légendes, mais elles ne leur ont pas donné pour autant une densité historique.

Les détracteurs de l'affaire de Rennes-le-Château en restent là : il s'agit d'un colossal canular monté par Pierre Plantard, aidé par Philippe de Chérisey, aujourd'hui décédé, et qui aurait été, selon son propre aveu, l'auteur d'un certain nombre de faux déposés à la Bibliothèque nationale.

Bref, nous devrions ce bruit et cette fureur à un certain nombre d'originaux, comme il en existe à Paris, fascinés par l'ésotérisme, à certains mégalomanes épris de puissance, et à d'autres farceurs – la tendance la plus sympathique de l'affaire –, convaincus que, à travers le « mentir vrai », on peut faire passer quelque chose de poétique et d'intéressant dans l'histoire. Tous ces personnages, qui auraient inspiré Alexandre Dumas, auraient réalisé une espèce de plaisanterie, à certains égards sinistre, parce qu'il s'y trouve aussi des relents antidémocratiques. Le tout aurait pris une ampleur démesurée grâce à la BBC, aux trois écrivains anglo-saxons plus talentueux que leurs sources, et enfin à Dan Brown qui reformule le tout. Voilà la thèse rationaliste.

Mais on achoppe sur un point : toute la mystification de Pierre Plantard, et il ne fait pas de doute qu'il y a eu mystification, s'appuie sur l'épisode Bérenger Saunière. Or, s'agissant de l'abbé Saunière, on est en présence de vestiges incontestables. Il suffit de se rendre à Rennes-le-Château pour y contempler une espèce de maison bourgeoise, dans le style du mont Saint-Michel, restaurée par Viollet-le-Duc et qui domine la colline. C'est la cure que Bérenger Saunière s'était fait construire, si vaste qu'elle a pu servir d'hôtel de tourisme par la suite. Puis, ce petit jardin du XIXe siècle, qui masque un sous-sol important, la tour qui devait abriter une grande bibliothèque, bref ces dépenses somptueuses et somptuaires qui font du site de Rennes-le-Château un couronnement de l'étrange. On cherchera vainement dans cette région, pourtant riche en sites fabuleux comme la forteresse cathare de Montségur, l'équivalent de tels mystères.

Il est évident que Bérenger Saunière a consacré à cet aménagement le plus clair de son énergie pendant les vingt-cinq dernières années de sa vie, qu'il a attiré dans cette villa un monde huppé et snob qui venait à la rencontre de ce secret, dont Bérenger Saunière était manifestement le détenteur, ou qui s'y livrait à des exercices ésotériques divers, lesquels ont été longtemps protégés par monseigneur Billard, l'évêque de Carcassonne, l'allié, et même peut-être l'inspirateur, de Bérenger Saunière. Enfin toutes ces transgressions étonnantes ont amené l'Eglise à réagir ouvertement, après le changement intervenu à sa tête à Rome et plus modestement à Carcassonne.

Mais Bérenger Saunière, lui, n'est pas une invention. Il a existé avec une forte personnalité, il a laissé des témoignages irréfutables d'une existence hors du commun. Evidemment, les partisans du rationalisme ont dû s'attaquer au problème Bérenger Saunière et ils l'ont fait non sans talent ni obstination. La thèse du : « Circulez, il n'y a rien à voir », concernant Bérenger Saunière, tient en deux points fondamentaux :

Premièrement, Bérenger Saunière n'a pas

obtenu l'argent considérable dont il disposait à partir d'une découverte qu'il aurait faite à Rennes-le-Château, mais selon d'autres moyens, peu avouables.

Par ailleurs, il n'y a jamais eu à Rennes-le-Château rien qui correspondît à ce que les récits tous apocryphes conduisent à espérer, ni trésor monétaire, ni trésor en parchemin.

La conclusion de tout cela, c'est que nous avons assisté à une mise en scène dont la Belle Époque était friande, et qui a trouvé avec Pierre Plantard un second relais, avec comme points de passage les milieux ésotériques et occultistes parisiens des années 1890-1910, dont l'abbé avait fini par devenir la dupe complaisante, si tant est que ce brassage ait eu l'ampleur qu'on lui prête.

Examinons cette thèse en trois points.

D'abord l'argent. Il est incontestable que Bérenger Saunière a eu beaucoup d'argent à sa disposition. Cet argent provenait, selon les détracteurs de la thèse du secret, de sources différentes. Tout d'abord, Bérenger Saunière a été un militant de la cause monarchiste. Il a même reçu un secours financier de la comtesse de Chambord, à un moment où le comte de

Chambord était déjà décédé. Ce dernier, l'héritier légitime du trône de France, le dernier des Bourbon directs replié en Autriche, avait refusé de retourner en France pour y ceindre une couronne qui lui était offerte... tant que le drapeau blanc n'aurait pas été substitué au drapeau tricolore, exigence qui équivalait à renoncer au trône. Bérenger Saunière, qui restait fidèle au prince, a aussi reçu des secours d'un certain nombre d'éléments du parti légitimiste, qui était encore actif dans cette région du Sud-Ouest. Bref, Bérenger Saunière a été un agent électoral de la droite légitimiste, un militant politique qui a été aidé pour mener à bien quelques-unes des missions qui lui étaient confiées à une époque où la droite cléricale espérait encore beaucoup du suffrage universel.

Deuxième explication. Selon les détracteurs de Bérenger Saunière, les accusations dont il a été l'objet au tribunal ecclésiastique à partir de la fin des années 1910 sont fondées. Il est incontestable que Bérenger Saunière a trouvé des moyens étonnants pour se financer. Ceux-ci proviendraient de ce qu'on appelle « le trafic de messes ». Croyons-le ou non, parce que tout cela est loin de nous, il y a eu un regain de piété à la fin du XIXᵉ siècle qui, dans certains milieux ecclésiastiques, donnait lieu à des kyrielles de messes prononcées en faveur de tel ou tel défunt, au profit de telle ou telle institution. Et les commanditaires de ces messes particulières, parfois nombreux, payaient à l'avance les ecclésiastiques qui s'engageaient à dire des prières en leur faveur, dans le secret invérifiable de leurs cures.

Bérenger Saunière serait devenu un industriel du trafic de messes. Il en aurait tellement pris à son compte que, s'il avait voulu respecter ses engagements, il aurait dû passer 22 heures sur 24 en prière pour les prononcer toutes. Il y a là une malhonnêteté grave pour un prêtre, et c'est sous ce chef d'accusation que les tribunaux ecclésiastiques le traduiront. Ce trafic aurait été bien réel. On aurait même calculé, avec les carnets de compte laissés par l'abbé, que les trafics de messes permettaient d'arriver à des sommes très importantes, lesquelles expliqueraient à elles seules les dépenses de Bérenger Saunière, puis leur interruption brutale, dès lors qu'un nouvel évêque, plus intègre que son prédécesseur, se fut décidé à mettre bon ordre dans toute cette affaire.

Enfin, en ce qui concerne les découvertes,

rien ne prouve qu'elles aient été si importantes ni concluantes. A la suite de la découverte du pilier creux de l'église de Rennes, les carnets de Bérenger Saunière ne dénotent ni augmentation spectaculaire de sa richesse ni trace de ce voyage à Paris où il serait censé s'être rendu pour y faire déchiffrer ses manuscrits. Il semblerait bien qu'un certain nombre d'expressions de la main de Saunière aient été mal lues. Ainsi figure sur l'un des carnets la mention « secr. Carcassonne », dont on a pu démontrer de manière convaincante qu'elle faisait référence à un rendez-vous avec le secrétaire de l'évêque, et non à un quelconque secret...

Bref, si Bérenger Saunière a fait des découvertes locales – il y aurait eu une chambre funéraire à l'intérieur de l'église de Rennes-le-Château –, ces découvertes ne pouvaient donner lieu ni à un bouleversement intellectuel ni à un bouleversement matériel de son existence. Ce n'est qu'ensuite que Bérenger Saunière a su attirer un certain nombre de visiteurs parisiens qui ont trouvé intérêt à le subventionner. Et ces subventions étaient loin de satisfaire à ses besoins. C'est lui-même, par le trafic de messes, qui assurait son financement.

Autrement dit, avant la mystification de Pierre Plantard, la mystification Bérenger Saunière. Il est vrai que le frère aîné de Bérenger, Alfred Saunière, précepteur dans la noblesse locale, avait été chassé pour indélicatesse. Bref, les deux frères, malgré leur onction ecclésiastique, avaient des méthodes parfois particulières.

Bérenger Saunière aurait laissé derrière lui des vestiges immobiliers d'une ampleur telle qu'il y fallait des explications. C'est le célèbre paradoxe leibnizien, expliquer le maximum de faits par le minimum de causes, et lorsque l'on découvre des monuments aussi impressionnants, lorsque l'on prend connaissance d'une biographie aussi curieuse, on se dit que seules des causes mystérieuses, à la mesure de ces mystères apparents, ont pu leur donner naissance.

Résumons donc la thèse d'un certain nombre d'historiens sceptiques, dont le chef de file demeure l'ancien archiviste départemental de Carcassonne, René Descadeillas. Nous serions confrontés à un emboîtement d'escroqueries. La première, celle de Bérenger Saunière, qui s'empare d'un mystère local, réussit à attirer l'attention sur lui et finance en fait toute cette mise en scène avec du trafic de messes – la

« simonie », comme on disait dans le langage de l'Eglise, dès le XVe siècle. Puis cette affaire s'arrête, car la mort de Bérenger Saunière met un terme à la légende autour de Rennes-le-Château qui entre en somnolence pendant une trentaine d'années. Il y a, à la fin des années 1950, une reprise discrète de ces thèmes par les occultistes parisiens qui s'étaient intéressés, probablement autour de la cantatrice Emma Calvé, à Rennes-le-Château, puis le détournement spectaculaire de toute l'affaire par l'habile Pierre Plantard , qui en entend parler probablement dès la fin des années 1930. Fasciné, Plantard invente un scénario et lui aussi rebondit, grâce à cette légende, après des tentatives malheureuses de vie politique à l'extrême droite, pendant l'Occupation notamment.

L'affaire est lancée pour de bon. Gérard de Sède gonfle artistiquement toute cette affaire, et les trois Anglo-Saxons, Leigh, Baigent et Lincoln, la gonflent encore, au-delà de toute proportion. A la fin, avec Dan Brown, nous avons le passage à l'échelle universelle, un peu comme dans la théorie cosmologique actuelle, où l'on pense que des matières très denses et pas plus grandes qu'un œuf posé sur une table sont à l'origine de tout l'univers par une série d'explosions successives, un univers en expansion infinie. Pourquoi pas ? Après tout, n'est-ce pas une illusion que de penser que de très grands événements ont pu avoir lieu sans que pour autant leurs causes soient importantes ?

Une telle thèse déçoit profondément. Elle a un effet décapant, nécessaire et salutaire, un peu comme l'athéisme militant qui est aussi un moyen pédagogique pour obliger la religion à un effort de précision et de raison. De la même manière, la théorie des sceptiques radicaux nous oblige à revoir l'histoire de Rennes-le-Château de manière beaucoup moins complaisante, et en nous efforçant de repérer où sont les erreurs, où sont les approximations, où sont les mensonges.

Même dans ces conditions, il reste, à notre avis, un noyau irréductible de questions que le scepticisme radical – tel qu'il a été développé avec brio par René Descadeillas, ou par l'un de ses continuateurs, Jean-Jacques Bédu, connaisseur très fin des détails de l'affaire de Rennes-le-Château – ne parvient pas à exorciser de manière définitive. A ces questions, les sceptiques ne répondent pas vraiment, bien que des questions de bon sens demeurent.

Première question : en admettant que Bérenger Saunière ait été le mystificateur que l'on veut nous faire croire, comment peut-on expliquer qu'il apparaisse de tels changements dans sa condition en fonction de la nomination de papes différents ? Pendant les premières années de sa carrière, il est défendu par Léon XIII, qui est un pape moderniste, et par l'évêque de Carcassonne, monseigneur Billard, qui lui-même, curieusement, est originaire de Normandie, plus précisément de cette région de Gisors déjà marquée par l'ésotérisme des Templiers. En tout cas, Saunière est le protégé de son évêque et de l'autorité ecclésiastique qui, alors que ses comportements n'ont rien de ceux d'un ecclésiastique normal, le laissent faire. Puis, changement de pape, changement de politique. C'est là que le nouvel évêque de Carcassonne, monseigneur de Beauséjour, va s'occuper directement de son affaire et le traduire rapidement devant les tribunaux ecclésiastiques d'officialité. Saunière manque de peu de ne plus pouvoir exercer sa vocation de prêtre, et les choses s'aggravent pour lui. Ce n'est que par des recours permanents et le soutien de ses paroissiens qu'il évitera d'être chassé de Rennes-le-Château. C'est une situation terrible, face à laquelle on pourrait imaginer que Bérenger Saunière sombre purement et simplement, en particulier s'il avait été l'escroc sans malice qu'on nous présente dans la version rationaliste.

Or, certaines forces sont là pour le défendre, pour le maintenir, et à peine un nouveau pape est-il élu en 1914, Benoît XV, que sa situation s'améliore. Les rationalistes nient ce fait en affirmant que les poursuites n'ont jamais été interrompues. Il est avéré qu'alors même que la guerre de 1914 approche, puis s'étend dramatiquement, Bérenger Saunière reprend confiance en lui-même, envisage d'étendre les travaux de sa villa, comme si les choses s'étaient rétablies pour lui, et sans résurgence d'un quelconque trafic de messes. Cette division en trois périodes de son existence matérielle montre qu'il y a nécessairement derrière Bérenger Saunière d'autres personnes, d'autres forces, qui lui garantissent ou ne lui garantissent plus l'impunité pour ses activités de « chercheur de trésor », et probablement le financent dès que la voie semble libre.

Le second point, c'est la présence irréfutable d'un certain nombre de personnalités de la Belle

Époque auprès de Bérenger Saunière. Il n'était pas le seul à être mégalomane. Bérenger Saunière a fait venir en grande pompe des personnages de l'époque, Dujardin-Beaumetz, l'équivalent d'un ministre de la Culture d'aujourd'hui, la cantatrice Emma Calvé, qui a été vue par des témoins au village, visitant le curé, mais aussi d'autres personnalités parisiennes qui se pressaient chez Bérenger Saunière. Celui-ci menait grand train et donnait hospitalité à des gens d'une autre envergure que ses collègues curés de cette région perdue de l'Aude. Il y a bien eu des contacts fructueux entre Bérenger Saunière et toutes sortes de personnalités originales de milieux parisiens de la culture et de l'ésotérisme qui s'intéressaient à lui. Comment et pourquoi ?

Troisième indice frappant : la visite de l'archiduc Jean de Habsbourg, lequel après le drame de Mayerling, en 1889, s'était éloigné de la famille impériale d'Autriche, et finira, sous le pseudonyme de Jean Orth, par devenir un explorateur, un capitaine au long cours audacieux, mort en mer, un personnage romanesque et romantique, comme la maison de Habsbourg en a fourni plusieurs, et surtout un grand ami de son cousin Rodolphe de Habsbourg, mystérieusement assassiné au château de Mayerling. C'était un homme passionné d'ésotérisme. La visite de Jean de Habsbourg n'est pas niable. Elle a été enregistrée par les services secrets français de l'époque, qui ont enquêté sur Bérenger Saunière pendant la Première Guerre mondiale, car on voyait dans cette relation avec un Habsbourg l'indice d'un recrutement de Bérenger Saunière par l'espionnage allemand ou autrichien. L'hypothèse était absurde, mais elle vérifie en tout cas l'intérêt qu'un archiduc d'Autriche a porté à cette affaire de Rennes-le-Château.

Enfin, des fouilles archéologiques ont été bel et bien menées. Et les objets d'époque wisigothiques, c'est-à-dire du haut Moyen Age, juste avant que les Francs de Clovis ne reconquièrent cette partie du territoire de l'ancienne Gaule romaine, ne font également pas grand doute.

Cette conjonction de faits doit aussi nous faire réfléchir. Bérenger Saunière n'était pas à proprement parler l'escroc que l'on nous présente. Le trafic de messes a pu être un moyen de lui faire parvenir de l'argent avec une certaine discrétion. Bérenger Saunière a eu une vie de hauts et de bas, liée à la présence ou non de protecteurs ecclésiastiques, pas seulement à l'évêché de Carcassonne, c'est évident, mais à de tous autres échelons. Enfin, les fréquentations de Bérenger Saunière, dont le charme et la culture n'étaient pas évidents pour des personnalités de la vie parisienne du temps de Marcel Proust, montrent qu'il y avait un intérêt soutenu pour sa paroisse, son église et un ensemble de phénomènes qui s'y étaient produits.

Bien sûr, tout cela a permis l'absorption de cette légende par des gens de peu de scrupules, dont certains étaient des mythomanes ; c'est le cas de Pierre Plantard. Mais il y a eu distillation d'une tradition politique et historique dont il est impossible de nier qu'elle ait existé et qu'elle ait eu de l'importance.

Où l'on répond au scepticisme radical

On l'aura compris : nous ne sommes pas de ceux qui acceptent entièrement la thèse sceptique. C'est un bain rafraîchissant qui décape bien des mythes sur Rennes-le-Château, bien des approximations, bien des constructions d'auteurs parfois mythomanes. C'est un travail qui a remis les choses en perspective, mais pas au point de pouvoir nier la réalité de ce qui s'est produit à deux reprises : d'abord la construction autour de Rennes-le-Château, par le prêtre Bérenger Saunière, d'une véritable mise en scène qui dépasse le simple canular ou la simple escroquerie. Puis la reprise au vol, à partir du début des années 1930 et surtout après la guerre, par un personnage fantasque, Pierre Plantard, du mythe de Rennes-le-Château, autour duquel il brodera toute une version de l'histoire de France avec raffinement et multiplication de techniques qui dépassent de loin la mystification. Ce n'est pas pour accumuler une fortune que Plantard a agi, mais dans le but de faire avancer une version des choses qui le fascinait au point de lui faire oublier son histoire modeste et véritable.

Ces deux points sont capitaux. Bérenger Saunière arrive à Rennes-le-Château et il sait, non pas dans le détail mais dans les grandes lignes, que cet endroit comporte des éléments historiques inexplorés d'une valeur importante. Et assez vite, sous prétexte de restauration de son église, il se met à chercher.

Son frère, Alfred Saunière, qui est son cadet et son mentor, je l'ai déjà mentionné, a été précepteur dans une grande famille locale, les Chefdebien. Or, les Chefdebien de Narbonne sont une de ces familles de la grande noblesse du Languedoc, qui a participé à la franc-maçonnerie dès le XVIIIe siècle. Ici, balayons un préjugé ancien : la franc-maçonnerie, même si elle a connu des adhésions de toutes les classes de la société, et notamment de nombreux membres du tiers état qui deviendront des révolutionnaires plus ou moins ardents après 1789, a d'abord été un lieu de rencontre nobiliaire. Nombreux sont les francs-maçons qui non seulement n'ont pas participé à la Révolution française, mais s'y sont opposés. Les Chefdebien sont du nombre, qui soutinrent activement la restauration bourbonienne. Après 1815, ils font partie de ceux qui reconstituent une chevalerie mystique qui s'autorise toujours de la franc-maçonnerie, mais cherche à prendre ses distances avec le rationalisme libéral de son courant principal. Ainsi naît une chevalerie qui se drape dans les mythes médiévaux, une chevalerie templière et occultiste, selon le terme de l'historien Gérard Galtier, dont les Chefdebien et d'autres familles du Languedoc sont les représentantes – bien que leur sympathie se porte vers la monarchie traditionnelle.

C'est dans ce climat à la fois légitimiste et ésotérique qu'Alfred Saunière, qui sera ensuite éconduit par ses protecteurs, a eu vent d'un certain nombre de légendes ou de traditions faisant partie du folklore de la région. Celles-ci évoquent un trésor, mais aussi le caractère particulier de certains sites, et sans doute aussi leur rattachement à des épisodes importants de l'histoire de France.

Il n'est donc pas invraisemblable d'imaginer que Bérenger Saunière ait agi non pour une société secrète comme le voudraient les théories du complot, mais qu'il ait recueilli des bruits par-devers celle-ci, des bruits qui ont stimulé son intérêt. Nous opérons ici dans un milieu profondément catholique, influencé par le rite écossais rectifié de Willermoz ou les idées de Joseph de Maistre, un milieu ésotériste et réactionnaire tenant d'une chevalerie mystique, tout le contraire de plaisantins qui se seraient amusés à vouloir réhabiliter le Temple, du moins dans sa version « satanique anticléricale » que dénonçaient les légitimistes. Et ne parlons pas d'une hypothèse sur l'humanité de Jésus ou de son mariage avec Marie-Madeleine, inacceptable et inenvisageable dans ce milieu.

Bérenger Saunière se livre à ces activités sous l'influence d'un homme dont nous n'avons pas parlé jusqu'ici, parce que le courant sceptique n'arrive pas à expliquer son rôle : l'abbé Boudet. L'abbé Boudet, son collègue de Rennes-les-Bains, est un érudit parfaitement désintéressé, qui lui aussi, avant Saunière, a fouillé la région à la recherche d'un secret. L'abbé Boudet est, dans cette mythologie surréaliste de Rennes-le-

Château, l'auteur d'un ouvrage assez ridicule, *La vraie langue celtique*, pour lequel il recevra une lettre de félicitations de la reine Victoria... Cet abbé, qui connaissait admirablement la langue de Shakespeare, essaie d'expliquer toutes les étymologies de la région à travers l'anglais moderne, dans des opérations qui s'apparentent plutôt aux tentatives surréalistes qu'à une recherche sérieuse... Beaucoup prétendent que ce livre n'est que le masque derrière lequel Boudet a voulu encoder une topographie mystique de la région, dans laquelle il donne la carte déchiffrable d'un trésor enterré.

Autre personnage important, l'abbé Gélis, curé de la commune voisine de Coustaussa, qui sera assassiné dans des conditions mystérieuses : les cambrioleurs, à qui il ouvre lui-même la porte, laissent ses économies dans un tiroir... et signent leur crime du nom d'une société secrète, « Viva Angelina », ce qui, dans cette fin du XIXe siècle, avait stupéfait la presse locale.

Nous avons ainsi une chaîne initiatique de prêtres du Razès qui semblent chercher un secret. A l'origine de tout cela, il y a l'abbé Bigou, qui fut curé de Rennes-le-Château à la veille de la révolution de 1789. Il mourra en émigration en Espagne en 1794. L'abbé Bigou semble avoir travaillé le premier dans le cimetière de Rennes-le-Château à déposer une pierre tombale qui est celle d'une personne qui n'y serait pas enterrée, Marie de Nègre d'Ables. Cette pierre comporte des éléments de codage évidents, dont Saunière essaiera de comprendre la nature, en fouillant systématiquement le cimetière, jusqu'à subir une plainte du maire anticlérical de la commune. L'abbé Bigou luimême était très lié tant à la famille Chefdebien qu'à celles d'Hautpoul, la plus ancienne et la plus respectée de la région, elle-même proche de cette franc-maçonnerie initiatique à laquelle appartient le jeune marquis de Chefdebien sous la Restauration.

Nous arrivons sur un terrain solide. Non pas que Saunière ait été l'instrument passif de ces familles, mais plutôt qu'il ait cherché par un esprit naturel de curiosité et suite aux confidences de ses collègues, à comprendre ce dont il s'agissait. Il est plus que vraisemblable que si Saunière dans ses carnets ne laisse pas place à une découverte, ce n'est pas nécessairement que cette découverte n'a pas eu lieu. Non. Bérenger Saunière a multiplié les fouilles. Il n'est pas tombé sur l'oiseau rare du premier coup. Il a dû attendre un peu plus tard que ce qu'il nous annonce, à la date officielle de 1886, pour découvrir des papiers, et aussi quelques dépôts monétaires anciens qu'il négociera à bon prix. Ces papiers n'étaient pas tous aussi importants qu'on l'a prétendu. Bref, les sceptiques ont essayé de discuter de toutes les manières; mais si ces papiers n'étaient pas importants, en revanche, la théorie du trafic de messes pour expliquer l'enrichissement brutal de Bérenger Saunière ne tient pas un instant.

Ensuite viennent des confirmations de l'église Saint-Sulpice de Paris, où il y avait à l'époque un séminaire important de l'Eglise de France, dont le directeur était un abbé Bieil. L'abbé Bieil avait un neveu alsacien, l'abbé Emile Hoffet, qui a joué un rôle important dans le développement de ce qu'on appelait le « catholicisme libéral », c'est-à-dire une tentative d'explication rationaliste et érudite des Ecritures chrétiennes, tout en essayant de ne pas rompre avec Rome. Ce courant était apprécié par certains occultistes pour son esprit d'ouverture. C'est ce milieu qu'a pu connaître le révérend Bartlett à la même époque à Oxford. L'abbé

SOCIÉTÉS SECRÈTES

Saunière entra en contact avec ce courant, non sans réticences, compte tenu de sa formation initiale conservatrice. Mais avait-il le choix ?

Dûment déchiffrés par Hoffet, ces papiers ont permis des révélations importantes. Jean Orth de Habsbourg ne s'est pas rendu par hasard à Rennes-le-Château peu après, et pas davantage un certain nombre de personnalités, en particulier la cantatrice Emma Calvé, dont tout le pays était persuadé qu'elle était la maîtresse de Saunière. Celle-ci était liée à l'ésotériste Jules Doinel qui fait partie de la scène de la IIIe République. Tout ce beau monde était attaché à Rennes-le-Château.

Les soutiens de Saunière avaient une connaissance du monde occultiste, mais ils n'étaient probablement pas unis par une même vision des choses. Pour exprimer ces divergences possibles, on trouve d'un côté des influences catholiques traditionalistes passées par une franc-maçonnerie elle-même traditionaliste, le rite écossais rectifié. Et nous trouvons des chercheurs plus proches d'une tradition maçonnique majoritaire, rationaliste, anticléricale. Les uns et les autres se sont intéressés à l'œuvre de Saunière. On peut imaginer que l'homme les a écoutés.

En tout cas, son principal soutien se situe toujours dans l'Eglise elle-même : c'est monseigneur Billard, l'évêque de Carcassonne, qui est lui-même disciple de ce grand prélat du second Empire, le cardinal de Bonnechose, personnage très important de la vie ecclésiastique du XIXe siècle, lié au pape Léon XIII et à ses tentatives libérales d'infléchir la doctrine de l'Eglise catholique vers une meilleure acceptation du monde moderne.

Dire que monseigneur Billard fut lui-même franc-maçon secret, comme certains l'ont prétendu, est ridicule. En revanche, il était intéressé par un certain ésotérisme catholique, proche, par son mauvais esprit, de celui des abbés Bieil et Hoffet. Et il avait sans doute l'intention d'utiliser Saunière pour veiller à ce qu'on trouve la solution de l'énigme de Rennes-le-Château. Ici nous ne pouvons que constater une entente tacite entre les prêtres de tradition gallicane et libérale de Saint-Sulpice, monseigneur Billard à Carcassonne, et le cardinal de Bonnechose, longtemps archevêque de Rouen, très intéressé par les mystères normands – Gisors, l'Aiguille creuse –, toujours étrangement parallèles avec ceux de Rennes-le-Château. Au reste, deux artistes passionnés par cette affaire, Nicolas Poussin et, deux siècles après lui, Maurice Leblanc, ne sont-ils pas tous les deux normands ?

A la mort de monseigneur Billard, les ennuis pleuvent sur la tête du pauvre Saunière jusqu'à l'avènement de Benoît XV, très lié aux Habsbourg et qui le libère d'un certain nombre de poursuites. Epuisé mentalement et physiquement, notre héros meurt en 1917.

Une légende court, qu'il est difficile d'accréditer ou de réfuter, selon laquelle le prêtre qui était venu administrer à Bérenger Saunière les derniers sacrements, repartira le visage décomposé par la teneur de sa confession. Légende ? Il ne lui a en tout cas pas refusé l'extrême-onction, comme l'ont prétendu certains villageois dans les années 1950. Par contre il a certainement entendu bien des choses...

L'affaire est complexe. Le mystère de Rennes-le-Château a passionné plusieurs milieux, mais n'a pas donné lieu à un courant unique et bien défini. Ce n'est pas non plus une vaste conspiration qui a utilisé Bérenger Saunière en le manipulant de bout en bout. Saunière était un personnage fort, non démuni d'idées, qui, connaissant l'existence de secrets et l'intérêt qu'ils peuvent susciter, a négocié avec les uns et avec les autres, en faisant feu de tout bois, et est parvenu à ce qu'il voulait, ce mélange de faste séculier et le triomphe de certaines conceptions ecclésiales – celles de ses protecteurs libéraux de Saint-Sulpice et de Rome – qu'il ne nous aura jamais livrées par écrit. Oui, Bérenger Saunière savait des choses, mais, comment dire, pas toutes. Oui, il a trouvé des choses, mais pas toutes encore.

Le second point qui nous intéresse ici est de savoir pourquoi, si Bérenger Saunière a effectivement trouvé quelque chose, la transmission a été aussi difficile. On rappellera d'abord le meurtre de l'abbé Gélis à Coustaussa, qui a dû le rendre prudent. On évoquera aussi les liens qui pouvaient le rattacher à certains courants ésotériques qui l'ont protégé – c'est incontestable – mais qui n'ont pas nécessairement souhaité la diffusion plus large de ses découvertes.

Or il s'agit d'un aspect capital que la thèse des sceptiques radicaux se refuse obstinément à reconnaître. L'affaire de Rennes-le-Château est connue, si j'ose dire, avant même que n'existe Rennes-le-Château car nous trouvons dans la littérature du XIXe siècle de nombreuses allusions à un récit unifié dans lequel apparaissent les Mérovingiens, mais aussi la Normandie, les liens entre le trésor des Templiers et la région du Razès.

Qui sont les auteurs qui évoquent ces affaires de façon insistante ? On va laisser de côté Gérard de Nerval et sa fiévreuse recherche de l'Orient des Templiers, pourtant périphérique à cette affaire. Mais on doit citer *La colline inspirée* de Maurice Barrès, Jules Verne, Maurice Leblanc et l'ancêtre littéraire de toute cette affaire, Charles Nodier qui, depuis la bibliothèque de l'Arsenal dont il était le conservateur, semble avoir constitué la source principale. Si ces écrivains, qui ne sont pas des inconnus ni de mauvais plaisants, ont abordé ces sujets de manière plus ou moins masquée, avant la découverte de Rennes-le-Château, c'est que Bérenger Saunière n'était ni le premier ni le dernier à s'intéresser de près aux secrets du Razès.

Commençons par Jules Verne, l'écrivain le plus connu parmi ceux-ci et à bien des égards le plus important. Jules Verne, qui ne fut jamais franc-maçon, qui fut antidreyfusard, était un homme fasciné par le progrès et par les inventions. Comme il livrait de nombreux textes à l'éditeur Hetzel, un certain nombre de ses romans secondaires figurent encore dans les bibliothèques les plus anciennes, mais aussi à présent dans les rééditions, sans pour autant être beaucoup lus. L'un de ces romans bâclés mériterait de l'être. Il s'intitule *Clovis Dardentor*. Jules Verne y conte une vague expédition en Algérie, conforme à son projet d'ensemble des « voyages extraordinaires », où toute la planète est peu à peu couverte de nouvelles intrigues. Dardentor, jeu de mots transparent sur « l'or ardent. » L'histoire, qui commence dans le midi de la France, se continue à Majorque, la capitale des îles Baléares, et se termine par un périple en Algérie. Cette histoire peu convaincante se termine bien, comme on pourrait s'y attendre.

Mais le titre ne peut que nous faire sursauter : « Clovis » – c'est le premier grand roi mérovingien – et « Dardentor », c'est-à-dire « d'un or ardent », un trésor par conséquent mérovingien secret. Il figure dans le récit de Jules Verne une topographie de l'Algérie, dont un certain nombre d'exégètes, comme Michel Lamy, ont montré qu'elle était en fait celle du Razès. Le train qui se rend à l'intérieur de l'Algérie, c'est le train qui monte en réalité de Carcassonne vers

Quillan, et qui n'a été supprimé que récemment. Jules Verne a peut-être voulu écrire *qu'il savait*, d'une manière naïve, probablement parce qu'il participait à certains cercles ésotériques. Ce qu'il savait, c'est qu'il y avait là un trésor, réel ou métaphysique, qu'il attribuait, lui, aux Mérovingiens, exactement comme le fera Pierre Plantard soixante-dix ans plus tard. Cette rédaction est antérieure ou contemporaine des débuts de Bérenger Saunière. Or il n'y a aucun lien direct entre la découverte de Bérenger Saunière et la prose de Jules Verne.

Aucun lien non plus entre Bérenger Saunière et Maurice Leblanc. Ce franc-maçon, adepte de la Grande Loge, passionné d'ésotérisme, lancera, avec Arsène Lupin, et quinze ans avant la découverte de Rennes-le-Château, un héros dont la destinée et la popularité atteindront celle des héros de Jules Verne. Son œuvre, commencée avant la Première Guerre mondiale, s'étend après celle-ci et aborde toutes sortes de sujets à travers la vie d'un gentleman cambrioleur, dont la personnalité devient peu à peu plus complexe et les intrigues plus étonnantes.

Dans un certain nombre de ses romans, consacrés souvent à sa Normandie natale, nous voyons se dessiner l'histoire d'un trésor, protégé par une société initiatique combattue par une société rivale. Bref, il n'a pas été impossible à un certain nombre de spécialistes de Maurice Leblanc d'élucider quelques-uns de ses scénarios à clef et de montrer qu'avec probablement plus de talent de conteur que le Jules Verne de *Clovis Dardentor*, il a lui aussi évoqué le trésor de Rennes-le-Château, du roi perdu, de la dynastie perdue, et quelques épisodes connexes. Leblanc était donc au courant de cette histoire, qui semble décidément avoir passionné la France littéraire de la Belle Époque, indépendamment des efforts du curé de Rennes-le-Château...

Ces écrivains français ont tous évoqué, à leur manière, cette région de l'Aude, et le Languedoc en général, comme lieux d'un secret important. Il n'est pas impossible que ces tentatives littéraires aient été comme autant de sondages à l'aveugle pour faire avancer la recherche du trésor.

Le rôle fondamental du XVIIᵉ siècle

Et Pierre Plantard, dans tout cela ? Maintenant que nous avons partiellement réhabilité Bérenger Saunière, peut-on aller jusqu'à réhabiliter Pierre Plantard ? Oui et non. Non, en ce sens que Pierre Plantard a été un manipulateur toute sa vie, à la différence de Saunière, et qu'il n'a jamais livré la vérité de ce qu'il savait sur cette affaire. Il a plutôt cherché à s'en servir comme d'un levier pour se faire connaître. Mais il faut le réhabiliter d'une autre manière, car Pierre Plantard n'a pas inventé l'ensemble des détails qu'il a ensuite distillés avec gourmandise à des écrivains qui cherchaient avidement à trouver la réalité effective de ce mystère.

Pierre Plantard n'est pas un point de départ, mais un aboutissement. Il se trouve que Gérard de Sède, à la fin de sa carrière littéraire, s'est senti révulsé par les demi-mensonges, les demi-vérités de Plantard. Les avait-il ignorés auparavant ? Probablement, car Sède, que j'ai connu, était foncièrement honnête, c'était un romantique, formé par le surréalisme, et un communiste critique – il était même passé à un moment par le trotskisme – gardant des liens affectifs forts avec son passé de résistant. Ses conceptions du monde étaient parfois obscures, mais toujours militantes et généreuses, son antisionisme excepté. Je ne vois pas un tel homme entièrement manipulé par l'appât du gain ou la volonté de monter une bonne farce.

Remontant à cette affaire, Gérard de Sède a essayé de comprendre comment il avait pu être manipulé par Plantard, et il nous livre une partie de son interprétation à travers l'histoire des sociétés secrètes de l'entre-deux-guerres. Il révèle le nom de l'inspirateur de Plantard, un personnage du nom d'Israël Monti. Son nom à l'origine était Georges Monti, mais il changea son prénom en Israël pour mieux abuser ses interlocuteurs juifs parce qu'il était passionné de kabbale, bien qu'il appartînt aussi à des milieux d'extrême droite profondément antisémites. Toujours est-il que le dénommé Monti meurt empoisonné, avant la guerre, dans des conditions obscures. Il avait passé sa vie, lui qui était un manipulateur professionnel, à essayer de pénétrer des milieux comme la franc-maçonnerie, pour en tirer des informations politiques ; mais il fréquentait aussi d'autres sociétés secrètes, dont certaines antimaçonniques.

Monti est lié à un mouvement, qui joue le rôle d'accumulateur de mythes, de mensonges et d'approximations, que l'on appelle la « synarchie ». Pour comprendre l'utilisation que certains milieux de la synarchie ont pu faire de Plantard, il faut remonter à ce qu'a été cette organisation dans la première moitié du XXe siècle en France.

Le mot « synarchie » – « mettre ensemble les pouvoirs », les réconcilier – s'oppose sémantiquement à l'« anarchie », l'absence de pouvoir. Ce mouvement est né dans un climat créé par la Commune de Paris, la peur d'une guerre civile permanente, que nous héritons de la Révolution française, bref, d'une impossibilité récurrente en France à résoudre pacifiquement les rapports entre les classes sociales et les forces politiques.

A cela s'ajoute un homme original, Saint-Yves d'Alveydre. Après avoir vécu d'une manière assez modeste comme répétiteur à Jersey, où il rencontre Victor Hugo à la fin du second Empire, il donne des leçons particulières à Londres où il se lie d'amitié avec le fils de Lord Bulwer-Lytton, l'auteur à succès des *Derniers jours de Pompéi,* grand écrivain ésotériste et franc-maçon. Saint-Yves d'Alveydre revient en France. Il épouse une héritière de quinze ans plus âgée que lui, qui l'aime profondément, et à partir de là, n'ayant plus le souci de gagner sa vie, se lance dans des réflexions ésotériques.

Il en sortira une série d'ouvrages qui sont encore aujourd'hui en librairie, *La Mission de l'Orient, La Mission de l'Inde, La Mission des Ouvriers, La Mission des Juifs,* car Saint-Yves d'Alveydre, dans un climat qui commence à se tendre en France, n'est nullement antisémite. Ces ouvrages un peu indigestes livrent une conception unifiée du monde, conception utopique qui s'appuie principalement sur la découverte de l'Inde. L'Inde commence à passionner toute l'Europe à mesure que les Britanniques en importent les conceptions du monde et les doctrines philosophiques. On découvre l'épaisseur métaphysique de ce continent culturel. Et si l'Angleterre connaît Madame Blavatsky, cette aristocrate russe en fuite et manipulée par l'excentrique colonel Olcott, la France dispose de Saint-Yves d'Alveydre, qui s'intéresse à la littérature védique et pense que les brahmanes sont les premiers initiateurs de l'humanité.

Laissons ici cet aspect à la fois visionnaire et comique de Saint-Yves d'Alveydre. Nous ne nous soucions pas des fondements métaphysiques de sa doctrine mais plutôt de son débouché qui aura une importance considérable dans les milieux occultistes français dès les années 1900. Il s'agit d'un appel lucide à l'idée d'une « réconciliation des classes » qui doit s'opérer – une réconciliation qui rappelle les initiatives du pape Léon XIII, le protecteur attitré de Bérenger Saunière et l'intime du cardinal de Bonnechose, forçant l'Eglise de France à reconnaître la République et à prendre en compte le problème ouvrier. Cet appel au compromis, résultant d'une convergence entre des forces politiques différentes, a de profonds échos dans le monde politique de la Belle Époque, à la recherche d'un équilibre mieux fondé que le positivisme scientiste.

Evidemment, il existe aussi une part sombre dans cette doctrine : Saint-Yves d'Alveydre, sans l'attaquer directement, met en doute la validité éthique de la démocratie en tant que telle, cette démocratie absolue fondée sur le suffrage universel, qui est en train de triompher en France et qui gagne le reste du continent européen.

A cette démocratie, Saint-Yves d'Alveydre opposera la refondation de « sociétés hiérarchiques justes », où chacun est à sa place. Tous, chez lui, ont droit à une estime égale. C'est la concession essentielle qu'il fait à l'idée démocratique, mais dans le même temps, les élites doivent se concerter, agir ensemble, se coopter et parvenir ainsi à faire fonctionner les institutions nécessaires, spirituelles et politiques, d'une société organique. La démocratie cesse ainsi d'être une méthode de validation véritable de pouvoir. On retiendra de Saint-Yves d'Alveydre qu'il veut, tout en acceptant les cadres de la société moderne, leur donner une spiritualité et un sens plus profonds, en redonnant vie aux corporations médiévales et en s'inspirant, sans le dire, du système indien des castes. Tout cela ne peut que passer par la constitution d'élites et de sociétés secrètes qui, d'une certaine façon, feront face à la franc-maçonnerie classique, grande pédagogue de la République démocratique.

Nous sommes dans la même folie qui anime tout ce début du XXe siècle et qui a partie liée avec les craintes qu'une partie de la société bourgeoise éprouve vis-à-vis de la montée inexorable de la démocratie républicaine. 1914 et son grand massacre parviendront à conjurer cette peur par l'immolation des jeunesses d'Europe.

Mais n'accablons pas Saint-Yves d'Alveydre. Il n'eut rien à voir avec les tentatives de renversement de la République. Il fut plutôt dreyfusard, pour autant qu'il comprit cette affaire venue tardivement dans sa vie. Par ailleurs, il aida, c'est incontestable, les services secrets français, avec ses amis Papus, le docteur Encausse, et son disciple, le guérisseur maître Philippe de Lyon, à entrer en contact avec l'entourage de la tsarine, qui cherchait désespérément les moyens de guérir l'hémophilie de son fils, le tsarévitch Alexis. Leur remplacement par le pro-allemand Raspoutine fut une défaite de la diplomatie secrète de la France en Russie.

Voilà le milieu dans lequel Saint-Yves d'Alveydre a évolué. Alveydre était un républicain modéré et critique, admirateur enthousiaste de Victor Hugo, catholique libéral mais critique et moderne, dans le sillage de Léon XIII. Nous retrouvons le séminaire de Saint-Sulpice, l'abbé Bieil, son neveu l'abbé Hoffet, le spécialiste de cryptographie médiévale, et tous ces personnages qui gravitent autour de Rennes-le-Château. Saint-Yves d'Alveydre, il va sans dire, n'a rien écrit, lui, sur Rennes-le-Château.

Au lendemain de la guerre de 1914, ses disciples se radicalisent. La IIIe République n'a plus le prestige, depuis Verdun, qu'elle avait avant 1914. La montée des périls, un peu partout, montre le risque mais aussi la fascination des dictatures. La Commune a été remplacée par la très concrète révolution d'Octobre, qui menace de s'étendre à toute l'Europe. C'est à ce moment-là que la synarchie, de réflexion philosophique un peu désincarnée, devient un mouvement de plus en plus politique. Emerge alors un « mouvement synarchique d'Empire », qui commence à faire parler de lui au début des années 1930, mettant en avant un certain nombre de personnages, dont le caractère très modeste, pour ne pas dire médiocre, a conduit les historiens à penser qu'il n'y avait rien derrière cette synarchie qu'une mystification.

On trouve, dans ces mouvements synarchiques, quelques personnages issus de la franc-maçonnerie, notamment de la franc-maçonnerie mixte du Droit humain. On trouve surtout un homme d'un tout autre calibre, l'ingénieur du corps des Mines Jean Coutrot, qui sera également l'animateur du groupe X-Crise, un groupe d'anciens polytechniciens qui se donne pour but de répondre à la crise de 1929 avec les idées de l'époque : fin du libéralisme, concentration de l'industrie, cohabitation des industriels et des hommes politiques dans un mouvement de pensée, bref des idées qui sont à l'origine de la technocratie et qui, sous une forme moins claironnante, s'exprimeront à Vichy, puis dans la France de la reconstruction.

Coutrot mourut mystérieusement au début de Vichy. Suicide ? Cette mort, en pleine France occupée, conduit certains à penser que la synarchie a été importante et influente, bien davantage que ce que l'on en imagine. En fait, Coutrot avait tout de l'éminence grise, et son « mouvement synarchique d'Empire » tout du paravent pour naïfs.

Ma position personnelle tendrait, comme en artillerie, à occuper un espace intermédiaire. La synarchie n'est pas seulement un club de quelques originaux issus de la franc-maçonnerie et se réclamant des idées de Saint-Yves d'Alveydre. Ce n'est pas non plus un mouvement tout-puissant. Il se heurte à d'autres mouvements autrement plus résolus : les cagoulards, ceux-là beaucoup plus engagés à l'extrême droite, beaucoup plus traditionalistes et patriotes, admirateurs de la dictature, alors que la synarchie, comme Jean Monnet plus tard, qui en fut influencé, rêve d'une réconciliation franco-allemande qui bâtirait les fondements d'une nouvelle Europe fondée certes sur la hiérarchie, mais en douceur et sans dictature.

Certains synarchistes se sont retrouvés dans des cabinets ministériels à Vichy. Ce n'était pas nécessairement les plus extrêmes. D'autres n'ont pas joué de grands rôles à cette époque-là. Toute cette affaire n'est pas bien connue parce que, compte tenu de la terrible réputation qu'a laissée la Cagoule, les anciens synarchistes n'ont eu de cesse de nier même l'existence de leur mouvement, de peur qu'on les confonde avec leurs rivaux.

Il n'empêche que ce mouvement a existé. Ce mouvement avait une fenêtre ésotérique se réclamant de Saint-Yves d'Alveydre, qui n'était qu'un leurre. Georges Monti en était un des artisans, en lien avec des services secrets italiens. A un moment donné, comme toutes ces sociétés semi-secrètes qui grouillaient dans le déclin de la IIIe République, elles ont recruté des jeunes. C'est là que nous pouvons établir le contact de Pierre Plantard et de Monti. Plantard est un jeune d'extrême droite, qui cherche à exister. Indépendamment des grandes structures qu'il a vite quittées, il crée son mouvement, Alpha Galates. Il est possible en revanche, vu la fascination que Plantard a toujours éprouvée pour la franc-maçonnerie, fascination mêlée de répulsion, puisqu'il demeure en apparence un catholique intégriste, que la synarchie ait fourni à l'histoire de Rennes-le-Château un « milieu conducteur ».

C'est autour de Monti, qui a manipulé Plantard comme il manipulait d'autres jeunes, et c'est dans le mouvement Alpha Galates où on retrouve un certain nombre de gens liés à la synarchie et à l'ésotérisme maçonnique dévoyé, qu'une partie du trésor idéologique de Rennes-le-Château nous a été transmis.

Qu'est-ce qui en a été transmis ? Probablement pas davantage que ce qu'en savaient un Maurice Leblanc ou un Jules Verne. Mais un certain nombre de coïncidences, de recoupements que le jeune Plantard a écoutés avec fascination et dont il a fait, avec le talent qui était le sien, un second roman, à mesure que l'affaire de Rennes-le-Château émergeait dans les années 1950. Alors les habitants de Rennes-le-Château commencent à parler, et quelques journalistes locaux s'y intéressent. Plantard en sait déjà bien plus que tous les autres, notamment sur le rôle historico-philosophique du Razès, sur les trésors qui ont pu y exister, sur Saint-Sulpice, sur l'existence de sociétés secrètes dont il aura le génie d'unifier l'existence à éclipses sous la dénomination moderne de Prieuré de Sion, qu'il emprunte sans doute au récit métaphorique de Maurice Barrès.

Aussi bien la « liste des grands Maîtres » du Prieuré depuis le Moyen Age – révélée par Leigh, Baigent et Lincoln, alors que Gérard de Sède ne semble pas en avoir eu connaissance – que l'existence de cette société secrète à l'échelle européenne semblent être des élaborations *sui generis* de Plantard ou, si elle ne le sont pas, le résultat d'une intervention de Georges Monti, en liaison avec d'autres groupes. Mais aucun de ces secrets, à mon avis, n'aboutissait à un raisonnement et à un récit unifiés. C'est la raison pour laquelle il faut attribuer à Plantard ce qu'il a accompli : à partir de données nombreuses qui couraient dans les milieux occultistes, à partir de révélations qui provenaient de la présence de Bérenger Saunière à Paris au séminaire de Saint-Sulpice en 1886-1887, Plantard a élaboré un récit qui devait lui donner le prestige politique et une certaine aura métaphysique. Tel était l'objectif de Plantard, qui n'est jamais arrivé, à proprement parler, à créer sa secte.

Ici, par un renversement dialectique étonnant, c'est la plus grande mystification de cet homme – la concoction de la liste intégrale des « grands maîtres du Prieuré de Sion », livrée à la curiosité de nos trois auteurs anglo-saxons, et connue ainsi depuis la fin des années 1970 – qui est la preuve des connaissances authentiques amassées par notre mystagogue mérovingien... Cette liste prétend fournir la série ininterrompue des grands maîtres du Prieuré de Sion depuis la fin du XIIe siècle, à la suite de la « rupture de l'orme de Gisors » – la société secrète se serait alors partiellement dissociée de l'ordre du Temple.

Cette liste se présente en cinq grands épisodes à la limite de l'intelligible : un épisode féodal et nobiliaire ; un épisode ésotérique et initiatique ; un épisode rosicrucien ; un épisode maçonnique et dynastique ; le dernier épisode est fondé sur un retour en France et une laïcisation complète. Dans cette liste très improbable, on trouve Cocteau, Debussy, le grand physicien Robert Boyle, Botticelli, Léonard de Vinci, le connétable de Bourbon, Johann Valentin Andrae, Nicolas Flamel, René d'Anjou, et j'en passe... On peut, sans adhérer à la réalité de cette prétendue filiation spirituelle, en tirer métaphoriquement un itinéraire qui n'est pas dénué d'intérêt. Plantard sait par exemple, sans l'érudition de Frances Yates, que la Rose-Croix a commencé son œuvre au cœur des guerres de religion, en associant à son action des occultistes élisabéthains, un savant et espion de génie, Giordano Bruno, et quelques familles nobiliaires, comme celle de Louis de Gonzague. De même, la suggestion de rapports entre Nicolas Flamel, René d'Anjou, l'entourage de Jeanne d'Arc et le cœur esthético-philosophique de la Renaissance italienne à son apogée est à retenir. Enfin, sa généalogie médiévale initiale tourne déjà autour des trois centres : normand (Gisors), lorrain (la colline de Sion) et occitan (Rennes-le-Château).

Bien sûr, les cinq éléments de cette liste de grands maîtres ne sont pas vraiment jointifs. Et la dernière vague française est absolument fantaisiste. Cette pseudo-généalogie consiste à faire figurer, émergeant du magma, quelques noms décisifs, qui pointent vers le véritable mystère du Razès : Nicolas Flamel et ses trésors alchimiques, René d'Anjou, la Rose-Croix, surtout anglaise, les ancêtres du Rite écossais rectifié stuartiste, et pour finir, une coterie littéraire métaphysicienne en France. Ce monument de fausse érudition de Plantard cadre bien le personnage réel : inventif, menteur, conscient et informé de certains enjeux ésotériques et parfois historiques.

Le hasard est ainsi fait que cet homme, catholique d'extrême droite et d'ordre, a finalement trouvé audience non pas dans ces milieux issus de l'Action française qui étaient son champ principal d'influence, mais dans des milieux anticléricaux, beaucoup plus originaux, beaucoup plus antichrétiens même, que tout ce qu'il avait imaginé.

Ici, point n'est besoin comme Leigh, Baigent et Lincoln, de remonter à l'origine des temps, ni à l'Egypte des pharaons, ni même à la Palestine de Jésus, et pas même aux Templiers des croisades. Il suffit simplement de se rendre sur place et de se rendre compte de ce qui a pu se passer dans cette région et qui a été transmis à travers nos deux grandes mystifications, Saunière et Plantard, qui ne sont, on le voit, que des demi-mystifications.

Il est intéressant de voir que cette région, qu'on appelle le Razès, au sud du département de l'Aude, a revêtu une importance singulière dès le XVIIe siècle. Cela tient à un homme, un seul, dont le rôle n'est pas indifférent au regard de la grande histoire : Nicolas Pavillon, l'évêque d'Alet, cette petite ville à quelques kilomètres de Rennes-le-Château, qui demeure, encore au XVIIe siècle, le siège du plus petit évêché de toute la France et même de toute l'Europe occidentale, créé pendant la croisade des Albigeois (et depuis Napoléon, aboli et rattaché à Carcassonne).

Nicolas Pavillon est étroitement lié à Saint-Sulpice et est certainement au cœur de l'énigme. Ce n'est donc pas un hasard si, lorsque Bérenger Saunière découvre des manuscrits, on l'oriente vers Saint-Sulpice. Dans le roman de Dan Brown, c'est là que se trouve le secret, et c'est là que l'assassin de l'Opus Dei assassine une pauvre moniale qui était au courant de trop de choses, et qui conciliait semble-t-il sa foi et son hétérodoxie. Mais Saint-Sulpice est déjà présent dans la vie de Nicolas Pavillon, évêque d'Alet.

En suivant les traces de Pavillon, on rencontre l'abbé Bigou, dernier curé de Rennes-le-Château avant la Révolution, qui a installé la fausse pierre tombale codée de Marie de Nègre d'Ables, avant d'émigrer vers l'Espagne. Par Bigou, nous pouvons reconstituer une chaîne de prêtres du Razès. On aboutit à Boudet, curé de Rennes-les-Bains, et à Gelis, curé de Coustanssa, horriblement assassiné, lesquels sont à coup sûr parmi les initiateurs de Saunière.

Cette ténébreuse affaire prend donc vraiment forme avec Nicolas Pavillon. Celui-ci est connu de tous les historiens du XVIIe siècle religieux pour avoir été l'inspirateur et le récipiendaire des *Provinciales*, ces lettres rédigées par Pascal contre l'emprise des Jésuites et leur conception, à ses yeux laxiste et fautive, à l'intérieur du catholicisme français. Nicolas Pavillon était un des directeurs de conscience du jansénisme naissant, cette veine dans le catholicisme français, de plus en plus proche d'un protestantisme lui-même en déclin en France. Le jansénisme rejette la théologie jésuite des œuvres, pour y substituer, comme chez Luther et Calvin, le rôle central de la grâce, ce qui introduit dans la culture catholique française un parfum de puritanisme et d'austérité qui rappelle celui de la religion réformée... qu'il est censé combattre. Il devient ainsi à partir de la fin du XVIIe siècle le réceptacle de toutes sortes d'oppositions à la monarchie absolue.

Il n'est pas illusoire de faire du jansénisme français un des courants fondateurs de la gauche française, et d'ailleurs un certain nombre de personnalités de premier plan de la Révolution seront issues d'un jansénisme tardif : l'avocat Mounier de Grenoble, dont Stendhal nous fait un portrait si vivant dans *La vie d'Henry Brulard*, Armand-Gaston Camus, l'avocat général du clergé, laïc lui-même, qui sera le fondateur des Archives de France et auparavant l'un des rédacteurs de la Déclaration des droits de l'homme, ou encore l'abbé Grégoire, constituant puis conventionnel, régicide et évêque jureur républicain, qui sera l'émancipateur des Juifs et des Noirs.

Bref, le jansénisme court comme un fil rouge

de la mal-pensance entre le début du XVIIe et la fin du XVIIIe siècle. Il est anticlérical tout en demeurant profondément chrétien. Il cherchera même au XVIIIe siècle une entente avec l'Eglise anglicane, elle aussi à mi-chemin entre catholicisme et protestantisme, faisant idéalement de Saint-Sulpice et de Saint-Paul de Londres les deux piliers d'une chrétienté indépendante, dressée contre Saint-Pierre de Rome.

Le jansénisme mal-pensant est, à travers la figure peu connue de Nicolas Pavillon, directement lié aux mystères de Rennes-le-Château. C'est par lui – et par quelques figures que nous allons maintenant rencontrer – que nous pourrons savoir si Dan Brown est allé dans le bon sens ou si, au contraire, nous devons bifurquer et, tout en adorant les mystères, essayer de les comprendre de manière plus historiciste.

Où l'on voit apparaître la Rose-Croix au cœur du jansénisme français

Nous sommes au début du XVIIe siècle, sous le règne conjoint de Louis XIII et du cardinal de Richelieu, puis sous la régence de Mazarin, enfin sous le règne de Louis XIV. Les guerres de religion sont encore proches, mais la France commence à s'en extirper, de même qu'elle cherche à s'extirper, depuis les victoires de Henri IV, de la domination de la maison d'Autriche, des Habsbourg sur toute l'Europe, ainsi que de leurs tentatives de dominer la France par tous les côtés. Les Impériaux, comme on les appelle, sont installés en Belgique, d'où ils guerroient sans cesse contre les Pays-Bas indépendants, sur les Pyrénées où domine une Espagne alors unie au Portugal, contre une grande partie de l'Italie, ainsi qu'en Franche-Comté et indirectement sur toute la vallée du Rhin de Strasbourg à Cologne, en complicité avec les ducs de Lorraine et les princes-évêques de la région. Les Habsbourg d'Espagne dominent aussi, avec leurs cousins d'Autriche, toute l'Allemagne catholique en pleine contre-offensive contre le protestantisme. La guerre de Trente Ans, grande catastrophe de l'histoire européenne, se profile à l'horizon.

Dans ce climat un peu compliqué et insurrectionnel, émerge dans la France de Louis XIII un courant catholique original, on l'a vu, le jansénisme. Le nom vient de l'évêque d'Ypres, Jansen ou Jansenius en latin, un Flamand qui s'est trouvé confronté à un travail de ré-évangélisation, de re-catholicisation de toute cette partie de la Belgique actuelle qui fut profondément marquée par la Réforme. On l'oublie : c'est Anvers qui fut le centre du calvinisme dans tous les Pays-Bas. Et c'est le sac d'Anvers et l'expulsion d'une grande partie de ses marchands par le duc d'Albe qui créent Amsterdam, une fondation de volonté au milieu des sables et des marais, dans un lieu suffisamment peu attractif et défendu par une nature hostile pour que les Espagnols n'aillent pas jusque-là poursuivre les Néerlandais calvinistes.

La suite des événements est connue : Amsterdam deviendra, après Venise, Lisbonne et Anvers, le centre de « l'économie-monde », comme la baptisera Fernand Braudel, le siège de la Compagnie néerlandaise des Indes orientales, et le lieu de naissance de la peinture moderne, à travers des œuvres aussi capitales que celles de Frans Hals, de Ruysdael et de Rembrandt.

Avant cela, la Flandre est profondément marquée par la Réforme, bien que les campagnes soient restées fidèles à l'Eglise catholique. Des religieux, dont Jansen, commencent à y rétablir le catholicisme. Mais il se produit alors ce qui se passe souvent dans ce genre d'affrontement d'idées ; les religieux catholiques qui s'attellent à cette tâche sont influencés par le protestantisme qu'ils combattent, et cherchent à en extraire ce qui leur paraît juste. Le catholicisme romain ne peut vraiment se rétablir, selon eux, qu'en intériorisant une partie de la critique protestante. Sur un point précis, le jansénisme se révèle plus proche du protestantisme que les autres ordres et doctrines catholiques. Il accepte l'idée que la grâce est à l'origine même de la salvation chrétienne, et non pas les œuvres, comme le soutiennent les papes depuis le concile de Trente.

Là s'enracine une opposition radicale aux Jésuites, qui favorisent les œuvres, c'est-à-dire le comportement de chacun, en se réclamant de l'épître de Jacques. Cette doctrine du salut par les œuvres peut avoir des aspects ridicules, comme les indulgences qu'on achète en montant à genoux l'Escalier saint, lors de la Pâque à Rome. Mais elle a pu avoir aussi des effets positifs, par exemple celui de valoriser l'action concrète de chacun dans la vie profane, et de créer un examen de conscience permanent, avec la « fréquente communion », qui est l'une des origines lointaines de la psychanalyse. Et sinon la psychanalyse, elle-même si marquée par le judaïsme de Freud, en tout cas cette intuition psychologique affinée qui traverse toute la littérature française du XVIIe siècle.

Le combat est complexe, et il commence à prendre de l'ampleur dans la France de Louis XIII, pour des raisons de plus en plus politiques. Même s'ils s'efforcent de rester loyaux à la cour de France (on les a accusés, dans le peuple de Paris, d'avoir fait assassiner Henri IV), les

Jésuites apparaissent liés aux intérêts stricts de Rome, et favorables à une entente stratégique durable de la France et de l'Espagne, en vue de la création d'un immense empire catholique européen, et probablement, la révocation progressive de l'édit de Nantes. Celui-ci, depuis 1598, fait des protestants des sujets à part entière du royaume de France et leur donne les moyens d'exercer leur religion, y compris de défense militaire, l'existence de places de sûreté qui se relient toutes par des fils innombrables à cette immense place de sûreté extraterritoriale qu'est Genève depuis longtemps.

Il est évident que le jansénisme, né après les faits, est une espèce de justification *a posteriori* de l'attitude d'Henri IV et des partisans laïcisants de la monarchie absolue, arbitres des guerres de religion. Qu'ont fait ces derniers, que l'on baptise alors du sobriquet de « parti des politiques », sinon combattre tout à la fois le parti espagnol et le parti protestant extrême ? Bref, essayer de créer en France même une sorte de christianisme original, dans lequel des fidèles de formation catholique, attachés à la doctrine, à la hiérarchie et à la liturgie romaines, se retrouvent avec des intellectuels qui ont fait leur le fond du protestantisme, dans ses aspects essentiels – le salut par la grâce et un mode de vie puritain, orienté vers la spiritualité.

C'est ainsi que le jansénisme va d'abord être encouragé par les autorités de l'Etat et protégé, d'une certaine manière, contre le parti espagnol qui ne fera qu'un avec le parti jésuite. *Le Cid* de Corneille est le triomphe de cette littérature hispanisante, non pas seulement par le choix de la nationalité du héros, mais aussi par la conclusion fort ambiguë et baroque, où un jeune homme qui a tué le père de sa fiancée peut l'épouser, après avoir chassé les Maures et remporté la victoire militaire... Michelet le dira : lorsqu'il est représenté à Paris au moment de l'offensive espagnole à Corbie, *Le Cid* n'était pas une œuvre aussi patriotique qu'on a voulu nous le faire croire. Il s'en prend par ailleurs à la prohibition du duel que voulait imposer le cardinal de Richelieu, au nom de valeurs nobiliaires particulièrement pesantes.

Patriotes, à l'opposé du parti hispano-jésuite de la reine mère Marie de Médicis, les jansénistes le sont. Et à la génération suivante, un jeune séminariste de Saint-Sulpice – le berceau du jansénisme –, Nicolas Pavillon, va devenir l'un des personnages les plus importants du mouvement, bien que sa renommée n'ait pas atteint celle des Arnaud, de Pascal, de Racine et de Philippe de Champaigne. Nicolas Pavillon est né de père inconnu, et toute personne qui regarde son portrait, tel qu'on le voit encore à la mairie d'Alet, est frappé de sa ressemblance avec le cardinal de Richelieu, dont l'appui ne lui a jamais manqué dans sa jeunesse. De là à penser que le grand cardinal aurait été le père du théoricien du jansénisme, il n'y a qu'un pas. Je me garderai de le franchir. Mais je signale que c'est une conviction qui a couru très tôt dans la vie de Nicolas Pavillon, et qui explique peut-être l'espèce d'immunité dont il bénéficia.

Nicolas Pavillon entretient avec Blaise Pascal des rapports très étroits. Il est un inspirateur, une sorte de Père Joseph du jansénisme, le Père Joseph étant jésuite et confesseur de Richelieu, comme chacun sait. Introduisons ici une seconde complexité de toute notre histoire. Par construction, le jansénisme est « gallican », c'est-à-dire très arc-bouté sur la défense de l'indépendance de l'Eglise de France face au pape, peu en harmonie avec les tentatives faites depuis Rome pour rénover la piété catholique, très méfiant à l'égard d'un certain parti qu'on va appeler intégriste, qui cherche à reproduire ou à réengager une dévotion moderne qui évoque avec nostalgie les grandes cathédrales et le Moyen Age classique. L'Eglise s'appuie sur un groupe, la congrégation des dévots, dont les actions caritatives sont un peu à l'opposé de celles des jansénistes.

Le parti dévot s'appuie sur une organisation semi-clandestine, comme il en est tant dans ce XVIIe siècle religieux, qui se nomme la Confrérie du Saint-Sacrement. Au départ, il s'agit d'une confrérie de pénitents proches de l'action caritative. Un homme exceptionnel apparaît alors, Vincent de Paul, un prêtre landais monté à Paris sous Louis XIII qui, avec une femme exceptionnelle et de haute noblesse, Louise de Marillac, va révolutionner ce qu'on va appeler la politique humanitaire de l'Eglise, mettant les pauvres au centre de son action, créant et développant les premiers hospices, se mettant au service d'une population qui vit dans des conditions effroyables et dont la misère est enfin dénoncée.

Or, cet aspect lumineux de son action, qui lui vaudra la canonisation, n'est pas le seul de ce personnage. Vincent de Paul et Louise de

Marillac sont aussi des dévots, qui appartiennent initialement au catholicisme le plus espagnoliste. Ils sont favorables au salut par les bonnes œuvres qu'ils incarnent par leur action, mais aussi à une alliance des puissances catholiques, France et Espagne, contre la Réforme. Ils sont pour un renouveau de la foi catholique. Ils n'appartiennent donc pas au milieu dans lequel s'inscrit intellectuellement le jansénisme.

Pourtant, quelque chose d'étonnant se produit. Le parti dévot, qui était le plus tourné vers l'Espagne, va se rallier peu à peu à la nouvelle doctrine. C'est un mystère historique qui n'est pas pleinement élucidé. On ne sait toujours pas comment Vincent de Paul a réussi à convertir le courant dévot au gallicanisme français, créant ainsi l'école française de spiritualité, qui a exercé une influence considérable sur la société du XVIIe siècle, mais aussi sur la conception du monde de l'Eglise de France, jusqu'à nos jours.

Peu ou prou, cette école française de spiritualité est au jansénisme ce que le jansénisme était au protestantisme. Si le jansénisme est une sorte de compromis entre catholicisme et protestantisme au nom de l'unité de l'Eglise catholique, l'école française de spiritualité propose au jansénisme une forme d'affirmation moins intransigeante à travers l'action dévote.

Que dire de cette affaire? Qu'il s'est passé quelque chose dans le cerveau de Vincent de Paul qui n'est pas seulement de l'ordre de la théologie, mais peut-être de la révolution personnelle. Ici commence la légende de Vincent de Paul. Vincent de Paul, selon la biographie qu'il a lui-même livrée, se serait trouvé à Marseille, où il poursuivait une activité de jeune prêtre, et là, il est enlevé sur une galère par des pirates sarrasins qui croisaient au large. Le voici à Tunis, où il devient l'esclave d'un riche musulman, sans doute soufi, qui l'initie aux arcanes de l'alchimie et lui accorde une liberté croissante, dont il se servira pour s'évader et rejoindre en barque le monde chrétien. A partir de là, « Monsieur Vincent » reprend son apostolat.

Cette biographie édifiante, on la trouve dans de nombreux livres consacrés à ce grand saint, mais pas dans le *Dictionnaire de théologie catholique* qui fait mine de considérer que la vie de Vincent de Paul commence à son retour en France... et demeure d'un mutisme implicitement désapprobateur sur cette période confuse.

Ce mutisme est dû aux critiques et aux calomnies nombreuses qui se sont abattues sur Vincent de Paul venant de forces religieuses rivales. La plus célèbre de ces critiques, c'est celle que l'on trouve à mots couverts dans la comédie de Molière intitulée *Les Fourberies de Scapin*, où le héros répète de manière insistante : « Que diable allait-il faire dans cette galère ? » provoquant l'hilarité des spectateurs d'alors, qui entendaient parfaitement la raillerie. On arrive encore à rire de cette repartie, sans connaître son véritable arrière-plan. Mais à Versailles, lorsque la pièce fut représentée, tout le monde apprécia cette façon de rire sous cape du héros des dévots, dont l'histoire rocambolesque exige un peu de crédulité de ses lecteurs...

Dès le XVIIe siècle se développe l'idée que ce récit de Vincent de Paul n'est qu'un récit allégorique. La tour de l'alchimiste ne serait qu'une allusion à la période où Vincent se serait lancé à corps perdu dans l'étude de l'alchimie en fréquentant des sociétés secrètes mal vues de Rome. Après une longue pérégrination en forme de pénitence, Vincent serait revenu à bon port, pour fonder un ordre religieux et réintégrer le courant majoritaire de l'Eglise. On mettra sur le compte de l'allégorie tout le récit de sa vie en Afrique du Nord...

Si tel est le cas, la conversion de Vincent de Paul signifie qu'il est passé d'une sorte d'ésotérisme chrétien à fondement alchimique, probablement assez anticatholique dans son origine, à une maîtrise finale de la doctrine catholique, au nom d'un équilibre entre la foi et les œuvres, que le jansénisme cherchait encore à instaurer. A un moment donné, le parti de Vincent de Paul ne se confond plus avec le parti espagnol, le parti ultracatholique de l'aristocratie rebelle à la monarchie absolue, mais son œuvre devient un des éléments constitutifs de cette sorte de cette troisième voie théologique, qui va dominer la pensée religieuse et la politique de la France du XVIIe siècle.

Un autre personnage important de l'histoire de France appartient à cette troisième voie, mais surtout à l'histoire de l'art, le peintre Nicolas Poussin. On sait que Poussin a été lié toute sa vie à des sociétés secrètes ou discrètes, qui s'étaient multipliées sous l'enseigne rassurante d'académies, depuis la Renaissance italienne. Ses longs séjours à Florence et à Rome, où il a passé le plus clair de sa vie, à part une simple visite à Paris où il rencontrera le surintendant des Finances Nicolas Fouquet, témoignent du « mauvais esprit » de Nicolas Poussin et de sa volonté de suivre un chemin qui lui était propre, lequel, chez ce fils de protestants passé par le collège jésuite, n'est pas très éloigné de celui de Vincent de Paul.

Certains des tableaux de Poussin ont un sens ésotérique manifeste. Par exemple, le célèbre *Orion aveugle,* qui fascina tant Claude Simon : il représente le géant Orion, aveugle, conduit à travers une forêt de rêve par un petit personnage qui, juché sur ses épaules, indique les obstacles et le fait avancer. Serait-ce l'Eglise catholique et une société secrète plus lucide qu'elle, le géant et le nain ? C'est une des hypothèses de lecture possible. Il en est évidemment d'autres.

Voilà deux personnages, Vincent de Paul et Nicolas Poussin, qui entrent très tôt dans le récit de Rennes-le-Château et qui jouent un rôle capital dans la réorientation du catholicisme français. Nicolas Pavillon est enfin lié à un dernier grand personnage, disciple de Vincent de Paul, le curé Jean-Jacques Olier, janséniste convaincu et discret, qui créera le Saint-Sulpice moderne. La nouvelle basilique Saint-Sulpice, par son architecture d'ampleur, par le classicisme qu'elle exprime – on dira « sulpicien » avec injustice –, est l'une des grandes cathédrales de l'Occident qui s'élève comme un défi à cette merveille architecturale qu'est la basilique Saint-Pierre de Rome, achevée peu auparavant par le Bernin.

Au moment où triomphe à Rome une esthétique jésuite, aboutissant à une architecture néo-classique ouverte sur le trompe-l'œil et le monumental romain, la France et l'Angleterre choisissent deux basiliques néo-classiques mais austères, qui s'opposent de façon subtile à la grande construction du XVIIe siècle qui leur fait face. Saint-Sulpice bien sûr, à Paris, temple du gallicanisme français, qui ne sera pas achevé ; et à Londres la cathédrale anglicane Saint-Paul qui devient, malgré les hésitations religieuses de son constructeur, Sir Christopher Wren, l'expression ramassée de la foi anglicane, elle aussi dépassement de l'opposition entre catholiques et protestants. Elle survivra au grand incendie de la ville de 1666 et au Blitz de 1941.

Nicolas Pavillon n'est pas homme à se laisser faire. Il a appartenu à tous ces courants gallicans hostiles à la monarchie absolue de Louis XIV, et lorsque, après avoir inspiré les *Provinciales* à Pascal, il tombe en disgrâce, il décide une rupture radicale. On dit que Richelieu avait accepté l'évêché de Luçon pour devenir prélat, alors que ce dernier était « le plus crotté » de France. Nicolas Pavillon, dans une sorte de surenchère, prend, pour s'y exiler définitivement, l'évêché le plus petit, celui d'Alet, afin d'y consommer sa disgrâce. Au cœur du Razès, il va effectivement engager les réformes du culte qu'il aurait voulu voir triompher à l'échelle de l'Eglise de France. Celles-ci vont lui valoir l'attention vétilleuse de Rome. Ainsi placé loin du monde et des tourments de Versailles, il peut se livrer à des expériences en laboratoire, sans gêner personne. Les instructions qu'il donne à ses prêtres diocésains, la réforme qu'il opère de la liturgie, l'organisation du diocèse, lui valent de sérieuses mises en demeure, mais personne n'osera lui retirer son évêché. C'est là qu'il meurt, ayant réalisé une œuvre infiniment plus modeste que son disciple et ami Jean-Jacques Olier à Saint-Sulpice, n'ayant en rien non plus participé à la controverse philosophique, comme l'avait fait Blaise Pascal, mais en concevant son œuvre comme complémentaire des deux autres.

SOCIÉTÉS SECRÈTES

Le retournement de la Compagnie du Saint-Sacrement, la victoire provisoire des thèses gallicanes, la victoire des thèses sulpiciennes paraissent étroitement et étrangement liés au secret du Razès. Qu'a-t-il bien pu se passer qui permette l'émergence du mythe du Razès et lui confère suffisamment de vigueur pour que la légende réapparaisse ensuite, dans un mouvement ondulatoire, tout au long des siècles qui suivent, jusqu'au feu d'artifice final de Dan Brown ?

Les lumières de la Rose-Croix

Nous avons parlé de Nicolas Pavillon et nous avons eu le sentiment que nous touchions terre. N'est-ce pas un peu présomptueux ? Après tout, les œuvres de Nicolas Pavillon tiennent dans la paume d'une main. Son rôle auprès de Blaise Pascal n'est connu que des historiens de la littérature. Peut-être lui attribue-t-on un peu plus, sur le plan des idées, dans ce qu'il semble avoir fait pour remettre de l'ordre dans son diocèse.

Comme il faut progresser dans la compréhension des mystères, nous dirons que la nomination de Nicolas Pavillon dans un évêché aussi lointain a continué à intéresser Versailles, en tout cas à poser de sérieux problèmes à Rome qui n'a cessé d'intervenir auprès du gouvernement de la France pour que ses initiatives soient corsetées et son rôle diminué. Il y a donc là quelque chose qui se passe.

Ce quelque chose, il faut le chercher dans son diocèse et dans la peinture de Nicolas Poussin. En effet, dans une lettre que l'abbé Louis Fouquet adresse à son frère peu avant sa disgrâce, le surintendant des Finances Nicolas Fouquet, il évoque un tableau que Poussin exécute et qui pourrait rapporter des richesses incommensurables à ceux qui sauraient s'en servir. Ce tableau est l'un des plus célèbres de toute l'histoire de la peinture. Ce sont *Les bergers d'Arcadie*. Et ceux qui ont réintroduit *Les bergers d'Arcadie* au cœur du mystère de Rennes-le-Château, ce sont Pierre Plantard et ses proches, qui savaient manifestement de quoi ils parlaient.

Poussin, Fouquet, Pavillon, Pascal sont au cœur de la grande histoire du XVIIe siècle. On peut se demander si la chute brutale de Nicolas Fouquet aurait d'une manière ou d'une autre été préparée par cette correspondance malvenue avec son frère. Selon toute une tradition initiatique, *Les bergers d'Arcadie* seraient le portrait des environs de Rennes-le-Château, ou plus exactement des campagnes en contrebas, à la jonction des deux communes voisines, qui nous donnerait à contempler en arrière-plan le Razès, les contreforts des Pyrénées et la lumière incomparable des Corbières. Ce tableau nous raconte la halte de trois bergers. L'un d'entre eux a les pieds posés sur une stèle où figure la mention en latin : *et in Arcadia ego* (« Et moi aussi en Arcadie ») – thème mystérieux qui peut se comprendre de plusieurs manières, mais selon la légende de Rennes-le-Château, ce serait une allusion directe à l'existence d'une société secrète et d'un mystère qui étendraient leur ombre obscure sur toute la région.

On peut nier cette filiation entre Rennes-le-Château et l'Arcadie de Poussin, parce que nous n'avons pas de documents qui l'établissent. Mais cela suppose de passer outre de nombreuses coïncidences. On peut, comme l'ont fait beaucoup d'ésotéristes, essayer d'introduire une géométrie sacrée à l'intérieur du tableau et y voir l'élaboration de correspondances non seulement avec les constellations du ciel, mais avec des trésors enfouis sous terre.

Un Américain, M. Lawrence, qui possédait dans les années 1920 une propriété non loin du lieu dit les Pontils, là où se situerait le paysage peint par Poussin, avait cru bon d'y installer un autel de béton qui ressemblait trait pour trait à la stèle gravée des *Bergers d'Arcadie*. Il l'a fait tardivement, après des négociations et des discussions avec ses voisins. Au fil des années 1970-80, et de la pléiade d'ouvrages consacrés au mystère de Rennes, ce tombeau dit des Pontils a été l'objet d'un tel regain d'intérêt que son nouveau propriétaire a fini par le raser... Le paysage que l'on découvre aux Pontils pourrait bien être celui de la région de Rennes-le-Château peint par Poussin. Pour être précis, le tombeau des Pontils et ce coup d'œil sur les Corbières et les Pyrénées que découvre l'arrière-plan du tableau de Poussin, sont liés à la commune voisine d'Arques – d'*arx*, en latin, forteresse –, où existe un château aux traditions alchimistes. *Arcadia* serait un jeu de mots sur le pays d'Arques, ce fief particulier d'où émerge Rennes-le-Château et qui aurait été jalonné par des trésors ou par des souvenirs dont l'importance historique était jusqu'alors sous-estimée.

En admettant que tout cela soit vrai, quel profit Fouquet pouvait-il tirer d'un tableau de Poussin rappelant l'importance d'une région sur laquelle Nicolas Pavillon allait jeter son dévolu en tant qu'évêque? Impossible d'y voir une revendication dynastique. On a déjà parlé de l'improbable retour des Mérovingiens. Les mauvais esprits au XVIIe siècle sont, il est vrai, pleins de ces histoires. Première race, les Mérovingiens; deuxième race, les Carolingiens; troisième race, les Capétiens. Comme souvent, il s'agit de métaphores ou d'allégories : comme pour la galère de Scapin, on rit sous cape. Tout le monde sait que pendant tout le XVIIe siècle, on s'est beaucoup amusé de la filiation véritable de Louis XIV. On nous demande d'admettre que Louis XIII, dont l'homosexualité était notoire, aurait rencontré bibliquement son épouse pendant une nuit d'orage, et qu'il en aurait résulté, neuf mois plus tard, la naissance quasi miraculeuse de Louis XIV. Ce n'est évidemment pas facile de le croire. Tout le monde voit que Louis XIV a été sa vie durant obsédé par la bâtardise, voulant reconnaître ses enfants naturels sur le même plan que ses légitimes. Il faudra, à sa mort, le parlement de Paris pour casser cet édit imposé par le roi au mépris du droit français traditionnel.

On voit aussi combien Louis XIV était proche du cardinal Mazarin, combien le couple formé par Mazarin et Anne d'Autriche sous la Fronde ressemble plus à une famille qui défend son enfant menacé qu'à une association politique, combien Mazarin en tout cas éprouvait de sentiments paternels envers Louis XIV. On voit aussi qu'il y a quelque chose de cette énigme qui est passée dans celle du Masque de fer, frère jumeau supposé du roi.

Toujours est-il que l'agitation des libellistes, l'existence d'un héritage mérovingien pour un certain nombre de familles frondeuses, qui dirigeaient tous leurs coups contre Louis XIV, peut avoir été le masque d'une mise en scène où étaient critiqués le roi et sa légitimité. Le mythe mérovingien date de cette époque de masques et de railleries, substituts de la politique libre. En faisant des Guise de Lorraine les authentiques descendants des Mérovingiens, on accréditait *a posteriori* leur revendication légitime au trône de France, soutenue par l'Espagne, contre celle du Bourbon Henri IV et de ses descendants. L'alliance des Guise et des Habsbourg allait déboucher au XVIIIe siècle sur la fusion des deux familles devenues Habsbourg-Lorraine, entraînant une réévaluation mystique du sanctuaire du mont Sion, au-dessus de Nancy.

Encore faudrait-il que Nicolas Poussin eût pris parti, de même que Nicolas Pavillon, en faveur de la Fronde contre le roi. Or, tout indique que ce n'était pas le cas, et que le jansénisme ne se trouva jamais enrôlé dans la même cause qu'un certain nombre de libertins aristocratiques qui ne voulaient pas entendre parler de la monarchie absolue. Les Arnaud, tout comme Pascal, tout comme Saint-Cyran, le fondateur du jansénisme politique, tout en critiquant cette monarchie, la cour, ses fanfreluches et ses frasques, étaient favorables à un pouvoir royal fort. Il ne faut donc pas chercher de ce côté-là.

Peut-être, comme souvent, la vérité se situe-t-elle à la fin. Car il y a une succession à la prédication discrète de Nicolas Pavillon, c'est celle de son neveu, l'abbé Montfaucon de Villars, dont Voltaire nous conte la malheureuse aventure dans *Le siècle de Louis XIV*. Ce jeune abbé, mauvais sujet gagné par un certain libertinage, publie en effet, peu après la mort de son oncle, un ouvrage à clef, où sont révélés de nombreux éléments d'initiation d'une société secrète, dont il faisait remonter l'origine à Nicolas Flamel – grand alchimiste du XIVe et XVe siècle. Sceptique sur la transmutation en or prétendument réalisée par ce dernier, il fait appel à un voyage napolitain du grand initié parisien, où un groupe de rabbins kabbalistes, regroupés autour d'un mystérieux Sanazar, lui auraient remis une carte des trésors juifs ensevelis en France... Toujours est-il que le jeune abbé, par ailleurs poursuivi par le parlement de Paris pour un meurtre qu'il n'a pas commis, finit lui-même assassiné sur un chemin... On a imputé ce meurtre à la Rose-Croix. Dépositaire de certains secrets de son siècle, Montfaucon de Villars aura payé de sa vie sa loquacité excessive.

Or son livre pointe le doigt sur les trésors cachés de Nicolas Flamel, sur l'initiation de René d'Anjou, et sur les responsabilités de quelques familles lorraines, normandes et occitanes, dans le maintien et la transmission d'un secret recueilli par la Rose-Croix. Il y eut, semble-t-il, une réconciliation spirituelle teintée de politique au début du XVIIe siècle. Celle-ci impliquait les calvinistes allemands du Palatinat, liés dynastiquement aux Stuart d'Ecosse et d'Angleterre, les protestants éclairés pro-élisabéthains à Londres, et le parti dévot réconcilié avec le jansénisme à Paris. Leur homme lige aura été le surintendant Nicolas Fouquet, dont la chute consomme la rupture avec Louis XIV, qui fait commander par Colbert à Molière une série de charges anti-rosicruciennes, comme *Les fourberies de Scapin* et *Tartuffe*, où l'on s'en prend à Vincent de Paul et à Nicolas Pavillon...

Enfin, ces mystères seraient liés à une présence insistante de l'ordre du Temple au Moyen Age. Une commanderie du Temple, le Bézu, se trouvait non loin de Rennes-les-Bains et de Rennes-le-Château. Les Templiers du Bézu semblent avoir joué un rôle important. Le Bézu était aussi un lieu de passage des Templiers en fuite vers l'Espagne et le Portugal après leur arrestation en masse par Philippe le Bel.

Auparavant, cette commanderie du Temple aurait recueilli un certain nombre de trésors, en tout cas de legs de la part des cathares persécutés par l'Eglise catholique – le Temple ouvrant peu à peu ses portes aux malheureux cathares persécutés. Les doctrines cathares n'avaient pas trouvé leur voie à l'intérieur du Temple, mais une commune hostilité à l'orthodoxie catholique semble avoir caractérisé cette période de rapprochement humain en Occitanie.

C'est à cette époque qu'est créé l'évêché

d'Alet, une petite ville dont le nom vient du latin *electum* (élu). Alet a été probablement fondée à la fin de l'Antiquité par des hommes et des femmes venus de Narbonne. La grande cité romaine, qui fut la capitale du midi de la Gaule, était devenue indéfendable face aux raids entrepris depuis la terre par les Wisigoths, et depuis la mer, plus tard, par les Arabes. L'idée des Narbonnais de se retirer vers la haute vallée de l'Aude est compréhensible. C'est ainsi que naquit Electum qui, aujourd'hui encore, dégage une impression de mystère. Laissons de côté l'allégation selon laquelle la famille juive de Nostradamus proviendrait d'Alet, et concentrons-nous plutôt sur la présence des Juifs à Alet. Elle est considérable. La rue de la Juiverie est la plus longue de tout le village, village qui conserve un air étrangement urbain, bien qu'il ne comporte aujourd'hui que quelques centaines d'âmes, mais il semble signifier que cette petite ville a eu une importance que nous ne soupçonnons pas.

Ce qui est curieux, c'est qu'après la croisade contre les Albigeois, Rome ait élevé un évêché à Alet, dont le ressort était extrêmement réduit. La géographie ecclésiastique médiévale est beaucoup plus dense que la nôtre. Mais pas à ce point-là. Pourquoi avoir créé en ce lieu un évêché aussi significatif, là où ni la population ni les monuments ni les enjeux mêmes de la christianisation de la région ne semblaient l'imposer ?

C'est encore une fois se poser les mêmes questions sans avoir de réponse. Il y a quelque chose de particulier à ce lieu puisqu'on y retrouve des personnes aussi intéressantes, diverses, importantes qui s'y succèdent. En tout cas, le tombeau des *Bergers d'Arcadie* est bien une représentation du Razès et il est certain que Nicolas Poussin s'est trouvé à de nombreuses reprises associé à Nicolas Pavillon, l'inspirateur de Saint-Sulpice, comme il était associé à des esprits libertins mais aussi jansénistes.

Pour essayer d'aller un peu plus loin, essayons de comprendre ce qu'a pu être la politique de l'école française de spiritualité et de ces mouvements jansénistes à un moment décisif de l'histoire de l'Europe, celui où a commencé à apparaître un mouvement capital, la Rose-Croix.

La Rose-Croix est une affaire qui a fait couler beaucoup plus d'encre que toutes les autres énigmes du XVIIe siècle. Pour faire vite, disons qu'en 1608 apparaissent sur les murs de Paris des affiches annonçant la reconstitution d'un mouvement qui serait entré en sommeil depuis cent vingt ans, et qui se proclame la Rose-Croix. Ce nom proviendrait d'un chevalier revenu de Terre sainte et qui portait le nom allemand de Christian Rosenkreutz. Sa mort et sa mise au tombeau auraient entraîné la léthargie du mouvement jusqu'en ce tout début de XVIIe siècle. Dans les deux grands ouvrages explicatifs qui sont dus à la plume d'un médecin et pasteur du nom de Johann Valentin Andrae, on voit que la Rose-Croix est porteuse d'un programme d'opposition assez radicale à l'Eglise catholique. Elle prétend aussi dépasser les diverses orthodoxies existantes par la maîtrise de la kabbale, ici liée à une double inspiration, à la fois juive, la rose, et chrétienne, la croix. La transmission de recettes ésotériques permet à la Rose-Croix de braver l'interdit qui portait à l'époque sur la science.

Frances Yates, la grande historienne britannique de la Rose-Croix, a montré que celle-ci s'est formée à la fin du XVIe siècle comme une conspiration complexe liée aux guerres de religion. Elle a bénéficié, dans sa période de gestation, de l'appui de l'empereur Rodolphe de Habsbourg, qui régnait depuis Prague et s'opposait au catholicisme intégral de ses cousins d'Espagne, puis de celui, à Heidelberg, du comte palatin, le grand électeur, chef calviniste des protestants allemands, pendant le début de la guerre de Trente Ans. La Rose-Croix s'est ensuite translatée en Angleterre, où elle va se laïciser et donner naissance à la Royal Society, la Société royale de Londres, première grande académie nationale des sciences, qui va dominer la vie intellectuelle anglaise dans les années suivantes, et servir de modèle aux autres académies scientifiques sur le continent.

Il y a là un véritable emboîtement de sociétés secrètes apparentées, qui parviennent l'une après l'autre à la lumière, et qui se déclarent de plus en plus ouvertement à la fin du XVIIe et au début du XVIIIe siècle, dans le climat de tolérance qui s'instaure. Isaac Newton en est évidemment, avec l'architecte Christopher Wren, qui édifie l'Observatoire royal de Greenwich – dont la position servira à établir la longitude 0 en usage aujourd'hui – mais aussi la version actuelle de la cathédrale Saint-Paul, et avec des physiciens de l'importance de Robert Boyle, le véritable esprit organisateur de cette Royal Society, dont Frances Yates a montré, preuves à l'appui, qu'elle est le point d'aboutissement du mouvement rosicrucien.

Le rosicrucianisme a été en Angleterre un mouvement à dominante anglicane libérale, encore que Wren inclinait vers un catholicisme modéré irénique et Newton vers une sorte de judéo-christianisme bibliciste radical. Sur le continent, en Allemagne, la Rose-Croix s'affirme, avec son porte-parole Johann Valentin Andrae, comme un mouvement orienté vers la Réforme. Pour autant, la Rose-Croix n'est pas le protestantisme. C'est un mouvement intellectuellement indépendant, plus complet et aussi plus contraignant qu'un parti politico-religieux, comme savent l'être les sociétés secrètes.

Alors, si la Rose-Croix n'est pas à proprement parler protestante, quelle est sa véritable identité théologico-politique ? Je n'entrerai pas ici dans les débats théologiques de la Rose-Croix, sur les mesures disciplinaires qu'elle impose à ses adhérents ni sur le nombre probablement assez limité des concours qu'elle a pu recueillir dans cette période. Ce qui nous intéresse ici dans cette société, c'est la volonté qui s'y marque de dépasser l'opposition entre catholiques et protestants, de redonner le pouvoir dans la chrétienté à une Eglise unique, dans laquelle plusieurs rites cohabiteraient. La Rose-Croix témoigne aussi d'un intérêt constant pour le développement des sciences, qui n'est pas unanimement partagé, c'est le moins qu'on puisse dire, par toutes les formes de protestantisme.

Bref, si la Rose-Croix a été portée sur les fonts baptismaux par des protestants, elle est d'abord et avant tout la recherche, à travers un parcours ésotérique, d'une voie moyenne de l'humanisme chrétien, jeté à terre par la violence des guerres de religion. Cette voie moyenne est attachée au développement des sciences, à une piété discrète et de bon ton. Bref, nous avons dans la Rose-Croix une tentative politique et religieuse de rassembler les modérés des guerres de religion, tous ceux qui pensent que la division de l'Europe entre catholiques et protestants, ainsi que la persécution récurrente des juifs, n'auront engendré que haine et destruction. Et quelle haine, puisque la guerre de Trente Ans aura sur l'Allemagne du XVIIe siècle les mêmes conséquences qu'un bombardement atomique ! Près de 35 % de sa population disparaîtra dans ce tourbillon.

Beaucoup d'esprits de cette époque intolérante cherchaient à ménager une série d'issues possibles à ce monde implacable et cruel, qui ressemble au reste comme un frère au premier XXe siècle.

Première issue, par la science : c'est Giordano Bruno, qui aboutit à Galilée. Et le cercle de Prague rassemblé autour de l'astronome danois Tycho Brahe qui diffuse la révolution copernicienne avec la bénédiction de Rodolphe de Habsbourg. Deuxième issue, par l'examen des origines : c'est le retour à l'érudition humaniste gréco-latine, mais aussi hébraïque, et particulièrement à la kabbale. Troisième issue : la conception d'une religion épurée de son fanatisme et de ses excès théologiques. C'est la constitution d'un protestantisme libéral discrètement antiluthérien d'un côté, dont Johann Valentin Andrae est la meilleure expression, à côté d'un Francis Bacon en Angleterre. Parallèlement, il y a l'émergence d'un catholicisme non moins libéral et sceptique, dont nous trouvons les premières traces à Venise, avec l'historien Paolo Sarpi et le philosophe kabbaliste Zorzi, toujours hostile à l'empire universel de l'Espagne et à la conception d'une Contre-Réforme issue du concile de Trente qui, balayant tout sur son passage, réunifierait la chrétienté européenne, mais par le fer et par le sang.

Il est clair que les buts politiques du jansénisme sont les mêmes, au-delà des théologies particulières. Il n'y aurait rien de particulièrement étonnant à ce que de Saint-Sulpice à Saint-Paul de Londres et la Scuola Grande di San Rocco de Venise, une subtile construction intellectuelle ait commencé à rapprocher des sociétés plus ou moins clandestines, initialement différentes, dont le but commun était néanmoins de conjurer la catastrophe que la conscience européenne traversait à l'époque. C'est la thèse de Frances Yates, à travers toute une érudition littéraire et picturale. Après tout, n'a-t-on pas la confirmation de la fécondité de cette explication? Anthony Blunt, le grand espion soviétique, l'ami de Philby, n'était-il pas le plus grand spécialiste mondial de Poussin? Et cette fascination du membre éminent d'une des plus importantes sociétés secrètes du XXe siècle, le KGB, pour une autre société du XVIIe, la Rose-Croix, n'est-elle pas un raccourci électrique plus direct que ces longues dissertations? Frances Yates, seule femme chercheuse de l'Institut Courtauld d'histoire de l'art à Londres, passait sa vie aux côtés de Blunt et sait combien d'autres de ses collègues furent tentés par les sociétés secrètes – ici soviétiques.

Il est certain que la Rose-Croix a quelque chose à voir en France avec le jansénisme, comme elle a quelque chose à voir en Italie avec le catholicisme de Venise et de Florence hostile au concile de Trente, et a aussi beaucoup à voir avec tout un courant particulier de la pensée anglaise qui commence avec Shakespeare. On peut suivre ce fil jusqu'à Rennes-le-Château, où l'omniprésence du signe de la Rose-Croix est un indice troublant.

Au cœur des complots de l'âge moderne

J'entends le scepticisme ricanant de nombreux lecteurs, et ceux-ci ont raison. Admettons, me disent-ils, que la Rose-Croix ait été un mouvement de pensée à l'origine d'idées de tolérance, acceptées à un an de différence, 1598 pour la France de l'édit de Nantes d'Henri IV ; 1609 pour la lettre de majesté de l'empereur Rodolphe de Habsbourg. Admettons que tout cela ait été en gestation et qu'à la veille de la guerre de Trente Ans, la Rose-Croix, qui n'était encore qu'une sorte d'esquisse prudente de rencontre entre tous les modérés et les humanistes à l'échelle européenne, devienne cette société secrète qui prétend recruter au grand jour, dans les grandes villes universitaires, à Paris pour commencer. Admettons que tout cela ne soit pas un récit plus ou moins imaginaire.

Admettons aussi que les jansénistes aient été retournés par cette Rose-Croix naissante, et qu'ils aient à leur tour retourné la Compagnie du Saint-Sacrement pour en faire l'instrument d'une rosicrucianisation de la France et y implanter un mouvement discrètement hostile à Rome.

Admettons que cette effervescence intellectuelle ait été liée par des complots dynastiques ou théologiques, des tentatives, par exemple à Venise, de maintenir l'indépendance de la République sérénissime face à l'Espagne ; ou d'empêcher en Allemagne la victoire du parti catholique impérial, par tous les moyens.

Admettons même que Nicolas Pavillon ait été, dans sa discrétion volontaire, un des personnages centraux et cachés de cette histoire...

Quel rapport y a-t-il avec le Razès ? En quoi cette terre désolée du royaume de France aurait-elle un rôle si important à jouer dans cette conjoncture de l'esprit européen qui précède les Lumières et, d'une certaine manière, les annonce en transmettant le legs précieux et la Renaissance humaniste ?

SOCIÉTÉS SECRÈTES

La réponse nous est donnée par Johann Valentin Andrae, qui cherche à nous convaincre que la Rose-Croix est beaucoup plus ancienne que ce que nous pensons. Il exprime l'idée allégorique que ses fondateurs véritables ont été mis au tombeau, que le sommeil de la confrérie peut durer jusqu'à cent vingt ans, donnant par là un rythme mystérieux et ésotérique de l'histoire. On n'est pas obligé de croire Johann Valentin Andrae qui était doté d'une belle imagination et prenait la plume au nom d'un collectif assez retors.

En revanche, là où nous devons tendre l'oreille, c'est sur la généalogie de Christian Rosenkreutz. Le chevalier Rose-Croix serait parti pour un monde meilleur, son œuvre accomplie, à la fin du XIVe siècle... dans une région bien précise de la chrétienté européenne, le Sud-Ouest français et occitan. Il est toujours question, dans les légendes rosicruciennes, du vaste comté de Toulouse, des Pyrénées, de la région occitane au sens large. Et l'insistance avec laquelle ces traditions sont évoquées depuis la Saxe luthérienne a quelque chose de particulièrement intéressant. Pourquoi, grands dieux, choisir cet endroit pour transmettre une tradition ?

C'est ici que nous avons la rencontre de l'ambition inexplicable de Nicolas Pavillon et d'une géographie sacrée de l'esprit européen qui semble vouloir accorder à cette région toulousaine une place originale. Essayons d'élucider ce problème sans tomber dans la mythomanie mystique.

L'Occitanie médiévale n'est pas liée à l'épisode templier, ou ne l'est que très marginalement. Elle est en revanche liée, dans la période classique du Moyen Age, à la plus grande hérésie qui ait atteint l'Europe médiévale, le catharisme, qui n'a rien à voir avec la Rose-Croix. La Rose-Croix est judaïsante, comme l'a été l'humanisme de la Renaissance. Elle est fascinée par la Kabbale hébraïque. Elle pense que c'est un texte qui a la valeur théologique de l'Ancien Testament, c'est-à-dire antérieur, dans ses concessions fondamentales, à la crucifixion de Jésus, et peut par conséquent servir à l'édification des chrétiens autant que des juifs. C'est Pic de La Mirandole, le grand érudit italien de la fin du XVe siècle, qui a proposé cette interprétation réconciliante, qui fait partie du patrimoine rose-croix.

On retrouve dans la Rose-Croix tous les traits

de la première Renaissance qui réinvestit les grandes langues de l'Antiquité, le grec aussi bien que l'hébreu, contre l'omniprésence du latin.

Mais il est impossible raisonnablement de faire remonter la Rose-Croix au Moyen Age cathare ou templier. Mieux : il est impossible d'y trouver des similitudes avec le manichéisme chrétien des « parfaits », car si la Rose-Croix est hébraïsante, le catharisme, lui, se réclame d'une doctrine radicale, antibiblique, le rejet de l'Ancien Testament. Pour les cathares – dont on trouve des prédécesseurs dans l'Antiquité tardive, chez les adeptes semi-chrétiens de Mani – il existe non pas un seul Dieu, mais deux Dieux, deux puissances divines qui s'affrontent comme les ténèbres et la lumière. Cette doctrine est connue. Le manichéisme, qui se répandit comme l'orage à la fin de l'Empire romain, séduisit saint Augustin en sa jeunesse et provient en droite ligne de l'eschatologie iranienne, où un dieu bon, Ahura-Mazda, le dieu du Soleil, affronte Ahriman, le principe du mal, qui est plus consistant que ne l'est Satan, ange déchu, dans les théologies juive et chrétienne traditionnelles.

Le catharisme ne se cache nullement de cette filiation manichéiste modernisée, et rejette l'Ancien Testament. Ce qui n'en fait pas une doctrine pratiquement antisémite, car les cathares rejettent la violence et la persécution. Ils condamnent les rapports entre hommes et femmes tels qu'ils existent au Moyen Age. C'est la raison pour laquelle ils vont être les pères du féminisme moderne à travers l'amour courtois, qui est une mise à distance de la brutalité sexuelle. Les cathares pensent aussi que chaque homme doit vivre une vie qui n'est plus essentiellement communautaire, mais individuelle, à la recherche du perfectionnement personnel. C'est la raison pour laquelle les cathares visent à la « perfection », et non à la sainteté. Cette perfection peut être atteinte par chacun. Les cathares se désignent entre eux comme les « bons hommes », les hommes ayant accompli un certain chemin dans la vertu.

Peu importe la solidité plus ou moins grande de la doctrine cathare. Il est certain que le catharisme a été un moment de floraison civilisatrice exceptionnelle dans le Languedoc, qu'il a introduit la poésie d'amour et la poésie courtoise à l'échelle de tout le continent. Dante eut comme maître à Florence le poète local Brunetto Latini, qui continuait à écrire en provençal, et dont les conceptions n'étaient pas exactement cathares, mais très inspirées par ce relais qu'était la poésie courtoise, qui avait inspiré en Toscane le mouvement des « Fideli d'Amore ». Il y a dans ce moment cathare une ascèse de toute la pensée médiévale européenne, et un retour de l'esprit européen sur les imperfections du monde, qui est bouleversant.

C'est bien ainsi que l'Eglise catholique le comprit, qui entreprit de prêcher la croisade, c'est-à-dire l'élimination des mécréants, exactement comme si les cathares étaient des infidèles. Cette croisade contre les Albigeois sera semée d'horreurs (« Tuez-les tous ; Dieu reconnaîtra les siens »). Ces persécutions, ces bûchers, la naissance à cette occasion de la sainte Inquisition, tout cela a laissé un souvenir extrêmement amer dans les populations d'Occitanie et y a implanté pour des siècles une forme d'anticléricalisme qui n'a pas fusionné entièrement avec le protestantisme. Autant l'autre grande hérésie française, celle des Vaudois, qui partent de Lyon au XIIe siècle, a fini par basculer dès le XVIe siècle dans le calvinisme par un vote parfaitement démocratique de ses adhérents provençaux du Lubéron, autant les pays d'influence cathare ne sont pas devenus des pays d'influence huguenote. Mais le rejet du catholicisme est demeuré vivace dans une région que l'on peut définir comme le véritable « pentagone cathare » : Albi, Narbonne, Foix, Carcassonne, Toulouse. Dans cette période décisive du Moyen Age, on ne peut contester que le catharisme a joué un rôle certain, et que la région du Razès, avec Alet, se soit retrouvée au cœur de la tourmente.

Ce n'est pourtant pas dans cette zone au sens strict que le catharisme a trouvé son moment culminant, mais dans une région plus montagneuse, plus difficile d'accès, à Montségur qui, à vol d'oiseau, se trouve à environ 45 km de Rennes-le-Château et où, on le sait, les cathares avaient réalisé un ouvrage défensif considérable au prix d'efforts presque surhumains, et ont pu soutenir un siège de plusieurs années, avant de succomber à leurs agresseurs. On sait qu'une groupe de cathares serait parti de Montségur avec leur trésor, qui aurait ensuite été perdu. On sait enfin qu'il y avait dans cette région des familles nobiliaires, notamment les Amiort du pays de Sault, alliés aux Blanchefort, les seigneurs de Rennes-le-Château et de la région environnante, qui avaient participé aux croisades aux côtés de Raymond VII de Toulouse. Ces grandes familles du Languedoc avaient été contaminées par l'esprit de civilisation du catharisme. Enfin, les Templiers, installés par exemple au Bézu, non loin de Rennes-le-Château, ont été soupçonnés dès cette époque d'avoir ouvert leurs rangs à des familles influencées par le catharisme, en tout cas de l'avoir toléré, comme ils toléraient bien d'autres choses, par réprobation discrète du sectarisme de l'Eglise.

Nous avons dans le Razès le souvenir de Montségur et le souvenir de la Croisade contre les Albigeois, peut-être retransmise dans le mythe du chevalier à la Rose, Christian Rosenkreutz. Serait-ce un élément de l'histoire ancienne qui a préoccupé la Rose-Croix au début du XVIIe siècle ? Y voyait-elle une anticipation de son opposition à l'Eglise de Rome ? Est-ce un hasard, ou encore des renseignements d'une tout autre nature, dont les cathares étaient détenteurs au même titre que certains Templiers, qui ont pu à un moment ou à un autre favoriser leur fuite ou leur clandestinité ? C'est cette question qui est posée aux XIIIe et XIVe siècles. C'est peut-être pour cette raison que Rome a voulu quadriller le pays cathare par des évêchés de petite taille et qui étaient l'objet d'efforts constants pour empêcher la résurrection de l'hérésie. Ceci expliquerait qu'Alet soit devenu l'un des évêchés les plus petits de la chrétienté, en raison de son rôle stratégique. C'est peut-être la connaissance de ce mystère d'Alet qui aurait poussé Nicolas Pavillon, condamné à l'exil, à y installer le centre de rayonnement de sa propre conception janséniste et rosicrucienne de la rénovation de l'Eglise et de l'Europe.

Si Nicolas Pavillon ou la Rose-Croix étaient intéressés par la région, c'est à certains égards par la présence ancienne du catharisme, mais à bien d'autres, c'était par les Templiers. La présence templière, qui serait à l'origine du sauvetage d'un certain nombre de trésors cathares, n'en est nullement la continuation. Les Templiers sont un ordre religieux et militaire indépendant du catharisme, même si, à travers un certain nombre de relais, des connaissances initiatiques de la Rose-Croix ont pu être transmises.

Bien entendu, il n'y a pas, comme dans la liste des grands maîtres du Prieuré de Sion, une continuité totale. Il a suffi, et c'était ainsi que s'opérait la transmission dans les débuts de l'ère moderne de l'Europe, que des groupes intellectuels se soient passé sous le manteau un certain nombre d'informations qui leur semblaient importantes pour que renaissent des sources que l'on estimait taries.

Mais qu'il y ait un rapport entre une certaine doctrine templière et une certaine doctrine rosicrucienne, cela ne fait aucun doute.

En réalité, il n'y a probablement pas plus de doctrine templière unifiée qu'il n'y a d'histoire unifiée du Temple. L'ordre du Temple a commencé sa carrière comme le rejeton militaire de l'ordre cistercien voulu par Bernard de Clairvaux, le plus grand des Cisterciens, pour défendre de manière ardente les intérêts de la papauté, un catholicisme purifié, mettant à l'épreuve, dans la croisade, sa nouvelle capacité de dépasser la piété traditionnelle. Les Templiers ont été, à travers la fusion de l'idéal chevaleresque et de l'idéal monastique de la croisade, un moment constitutif du christianisme médiéval.

Mais méfions-nous : nous avons l'habitude de ce genre d'évolutions imprévisibles, de la plus grande orthodoxie à la plus grande hérésie –

mouvement qu'on rencontre à la fois chez les Dominicains et chez les Jésuites. Les Dominicains, sous l'influence de leur chef et fondateur, Dominique de Guzman, ont joué un rôle néfaste dans l'installation de l'Inquisition contre les cathares et ils ont été la milice pontificale redoutée par tous les mal-pensants du Moyen Age. Deux ou trois siècles plus tard, les Dominicains, espagnols en particulier, sont à la pointe du combat contre cette sainte Inquisition qu'ils ont contribué à former... Nous voyons l'ordre des Dominicains faire une large place à des juifs convertis, les *conversos*, qui masquent à peine leur sympathie pour Israël et pour la pensée juive. Cela fait des Dominicains des adversaires presque ouverts de la reprise en main pontificale qui a lieu en ce début de XVIe siècle, par l'entremise des Jésuites, et des défenseurs à tout crin de l'humanisme moderne. Ils ont de ce point de vue-là de qui se réclamer, puisque Thomas d'Aquin avait, à son époque et à sa manière, déjà infléchi l'idéal dominicain vers la réhabilitation de la science et du savoir, ainsi que vers la philosophie arabe et juive du Moyen Age – Averroès et Maimonide.

Quant aux Jésuites, qui ont été créés en bonne

part pour s'opposer à l'évolution sceptique et libérale des Dominicains, ils ont d'abord été les serviteurs sans faille de l'idéal pontifical auquel ils opposaient les rébellions des Eglises nationales. Leur devise fut bientôt *perinde ad cadaver* (aller jusqu'au cadavre, plutôt que de reculer d'un pas dans l'affirmation de la foi catholique). Puis, les mêmes Jésuites, après avoir été menacés d'extinction par les Etats modernes du XVIIIe siècle, vont devenir au XXe siècle l'un des ordres les plus contestataires du catholicisme moderne, notamment du pontificat de Jean-Paul II.

Bref, nous sommes les témoins d'une évolution constante des ordres religieux. Et l'ordre des Templiers, qui est à la fois un ordre sacerdotal et un ordre militaire, a sans doute connu une évolution de même nature, une évolution qui serait totalement mystérieuse si elle n'était jalonnée par des textes qui sont aussi des chefs-d'œuvre littéraires, les différents romans liés à la quête du Graal, depuis Chrétien de Troyes jusqu'à Wolfram von Eschenbach, et qui nous ouvrent une large fenêtre sur l'enseignement ésotérique templier.

Les origines templières du mythe de Rennes-le-Château

Y a-t-il un secret de l'ordre du Temple? Commençons peut-être par le vieux principe de Leibniz : *maxima a minimis.* Essayons d'expliquer le maximum d'événements par le minimum de causes.

Le Temple avait toutes les raisons de connaître de graves ennuis dans le courant du XIVe siècle. A la fin du XIIIe siècle, le dernier réduit chrétien en Terre sainte, la forteresse de Saint-Jean-d'Acre, tombe entre les mains des Turcs mamelouks. Les derniers Templiers quittent la Palestine, qui avait été leur raison d'être. Ils se redéploient en Méditerranée où ils continuent à guerroyer sporadiquement contre les musulmans. Surtout, ils se réinstallent dans une Europe occidentale qu'ils n'avaient jamais tout à fait quittée, notamment leurs deux grands centres, Paris et Londres. A Paris, où réside son grand maître, le Temple recouvre toute la surface d'un quartier, aujourd'hui le IIIe arrondissement. C'est un édifice considérable et un centre d'initiatives politiques et économiques sans équivalent dans toute l'Europe médiévale, même à Venise ou à Gênes.

Les Templiers appartiennent à plusieurs nationalités, mais pour l'essentiel proviennent des pays de langue française, c'est-à-dire la France et, à l'époque, l'Angleterre, francophone par sa noblesse. On trouve quelques Templiers dans la péninsule ibérique, qui ont participé à la Reconquête sur l'Islam, ainsi qu'en Italie. En revanche, en Allemagne, vallée du Rhin exceptée, c'est l'ordre Teutonique, qui a été créé par le pape pour défendre l'évangélisation de l'Est, les régions slaves, qui domine.

Ces Templiers ne tardent pas à devenir la première puissance financière de l'Europe. Ce sont aussi, à travers les mécanismes économiques, de grands politiques. Ils disposent d'un réseau qui va au-delà des frontières nationales. Ils sont présents depuis les Pays-bas actuels jusqu'à la Catalogne, l'Aragon et le Portugal, cette colonie cistercienne médiévale. Ils constituent un réseau qui double les ambitions des monarchies nationales. N'ont-ils pas derrière eux des projets plus larges encore, comme celui de constituer une sorte de conscience européenne transnationale, appuyée sur leur puissance financière et maritime ?

Ajoutons à cela que les Templiers connaissent si bien l'islam, pour l'avoir combattu pendant deux siècles et demi, que leur conception montre, sinon une hétérodoxie particulière, en tout cas un certain relâchement de la vigilance qui caractérisait ce XIVe siècle si inquiet. Ils sont donc en opposition avec le pape, et ils gênent les monarchies absolues naissantes. Ici, les Français de Philippe le Bel et leurs cousins anglais sont d'accord : le Temple a trop de pouvoir.

Que faire pour remédier à la puissance croissante de cet ordre supranational, qui ne prend ses instructions que de son grand maître et de ses différents officiers répartis en grandes commanderies sur une bonne part de l'Europe de l'Ouest ? Il y a plusieurs solutions : celle de Philippe le Bel est la plus audacieuse. C'est une sorte de laïcisation. Pour la France, qui est le centre du mouvement templier, le roi de France deviendrait grand maître de l'ordre du Temple, ce qui en ferait instantanément une sorte d'équivalent, par la richesse et par l'ampleur de son aire d'influence, de ce qu'est l'empereur romain germanique sur sa frontière de l'Est. Raison pour laquelle Templiers et Saint Empire ont fait bon ménage pendant un certain temps. Ils n'étaient pas en concurrence directe. Il semble que l'alliance entrecoupée d'incidents de parcours entre les Templiers et l'empereur Frédéric II, en Terre sainte au début du XIIIe siècle, ait été importante. De là à faire des Templiers les continuateurs de la pensée de Frédéric II, il n'y a qu'un pas, vite franchi par certains occultistes italiens notamment, mais qui ne cadre pas avec les faits historiques.

Supposons maintenant que Philippe le Bel se voie opposer une fin de non-recevoir par la hiérarchie du Temple. Supposons qu'il soit secondé par un certain nombre de personnages de la Curie romaine, qui voient dans cette organisation un élément potentiellement dissident. Cette alliance, conclue entre le roi et le pape, entraîne l'arrestation surprise, en une journée, le 13 octobre 1307, de l'ensemble des Templiers du royaume de France. Cette rafle terrible se répercute partout ailleurs, au-delà des frontières françaises, et va aboutir au procès le plus fameux de l'histoire médiévale. Elle s'achèvera par le supplice du grand maître de l'ordre du Temple, Jacques de Molay, et de ses adjoints, qui avaient bravement renié leurs premiers aveux, extorqués sous la torture, dans des conditions particulièrement atroces, à Paris.

On éprouve une grande réticence à utiliser pour l'analyse historique des confessions obtenues sous la torture. Au fond, que connaissons-nous des conceptions théologiques du Temple ? Peu de choses, sinon ce que des Templiers soumis à la question ont fini par dire à leurs tortionnaires. Or, il est très possible que les Templiers aient répété des scénarios qui leur étaient dictés. Mais, sans prendre pour argent comptant toutes ces confessions, il est probable que dans ce magma assez répugnant, un certain nombre de vérités aient pu se faire jour. Lesquelles ?

Tout d'abord, le fait que les Templiers étaient liés par la confrontation, mais aussi par l'admiration mutuelle, aux musulmans. Dans ce dialogue, on voit que les Templiers ont été sensibles à un certain nombre de doctrines mystiques dans l'islam. Il y a donc dans la doctrine templière telle qu'on la devine d'incontestables éléments mystiques d'origine musulmane, notamment chiite ismaélienne. Certains de ces ismaéliens révolutionnaires, après la chute de leur califat fatimide en Egypte, avaient développé une véritable doctrine subversive derrière le « Vieux de la montagne », le chef de cette confrérie retranché dans sa forteresse, en Perse. Ce dernier faisait assassiner ses adversaires politiques les uns après les autres, mais pensait aussi à un retour rapide du Messie, sous la forme du Mahdi, qui aurait provoqué une réconciliation du monde monothéiste – aussi étrange que cela paraisse – avec les chrétiens et les juifs. Il est clair que cet ésotérisme musulman a fait son entrée en Occident via les Templiers. C'est de là que les Templiers ont appris une doctrine qui est originaire de l'islam chiite, la *takia* (la dissimulation).

En effet, les persécutions récurrentes que les chiites ont subies de la part des sunnites pendant les premiers siècles de l'islam, à l'apogée du califat omeyyade puis abbasside, les ont conduits à légitimer le mensonge, ou plutôt la dissimulation, face à une attaque frontale. A un adversaire qui vous persécute en conscience et qui cherche à déterminer si vous êtes chiite pour mieux vous éliminer, vous n'êtes pas obligé de répondre la vérité. Vous pouvez la dissimuler. C'est le reproche d'hypocrisie que les Arabes font aujourd'hui aux Iraniens, et les sunnites aux chiites. Mais derrière cette doctrine ambiguë de la *takia*, il y a une première esquisse de la liberté de conscience.

Que les Templiers aient fait preuve de *takia* et qu'un certain nombre d'entre eux aient été influencés, dans leurs moments de captivité entrecoupés de dialogues, par les soufis ismaéliens, ou par la doctrine des druzes, c'est tout à fait possible. Or, les Templiers inspirent un certain nombre d'œuvres littéraires de premier ordre du Moyen Age classique. Ce sont les romans de chevalerie qui tournent autour du Graal. Qu'est-ce que le Graal ? Il y a là une vraie *takia* de la part des Templiers, parce que le Graal a une origine multiple volontairement confondue. C'est un terme celtique qui désigne un vase dans lequel, dès l'époque du roi Arthur et de la Table ronde, un secret important a été contenu et porté. S'agit-il du sang du Christ versé puis recueilli, au pied de la Croix ? S'agit-il du vase qui a servi lors de la Cène ? S'agit-il d'un symbole de la continuité de la pensée de Jésus, dans le temps de l'histoire, à travers un objet précieux ? Ces différentes interprétations ont eu cours, les unes et les autres. Aucune ne semble définitive.

Mais derrière la recherche initiatique du Graal, on retrouve une expression fondamentale de l'idéal templier, tel qu'il a pu se forger peu à peu. Le chevalier du Temple est celui qui dévoue sa vie à la recherche d'un mystère profond, qui échappe encore à ses contemporains et qui peut assurer la rédemption totale de l'humanité, parce que le Graal a des pouvoirs curatifs extraordinaires. On passe ainsi de Chrétien de Troyes, le romancier français du Graal le plus orthodoxe, à Wolfram von Eschenbach, influencé par les doctrines templières des trouvères allemands, qui va développer une mythologie nouvelle du Graal en Occident. On y évoque un château éloigné, dont Wagner fera le centre initiatique suprême dans *Parsifal*, le « château de Montsalvage ». Le nom vient évidemment du français. Un certain nombre d'exégètes y voient un écho du Montségur des cathares.

Quelle que soit l'interprétation que l'on

puisse donner de ces chefs-d'œuvre romanesques qui sont constitutifs de la tradition occidentale, il est clair que cette veine politique rend possible l'émergence d'un idéal chevaleresque sensiblement différent de celui du Moyen Age classique. Il s'agit d'un idéal intellectualisé, qui comporte des doctrines religieuses particulières, un intérêt aussi pour l'alchimie, la kabbale juive, dont on ne connaît pas encore grand-chose dans l'Europe chrétienne médiévale et qui fascine un certain nombre de personnes, notamment ces Templiers aragonais et catalans proches du grand philosophe et alchimiste Raymond Lulle.

Sans croire tout ce que les inquisiteurs ont pu nous raconter sur les déviations des Templiers, il est clair qu'il y a quelque chose de plus en plus hétérodoxe et syncrétique dans leur démarche spirituelle. Il s'est opéré à travers les siècles une mutation quasi biologique de cet Ordre. Celui-ci, à force de combattre l'islam, s'est efforcé de le comprendre, le comprenant a adopté un certain nombre de versions mystiques et eschatologiques du chiisme ismaélien, et également un certain nombre de doctrines alchimiques ou kabbalistes provenant du judaïsme ibérique. Enfin, il a cherché, chemin faisant, à les réinjecter dans une théologie fondée sur la pratique de la dissimulation.

Qu'au milieu de cela, l'idéal cathare, qui n'a pas grand-chose à voir avec cet intérêt des Templiers pour l'islam et pour le judaïsme, se soit rapproché de l'idéal chevaleresque, c'est possible. Après tout, les deux mouvements pouvaient se conjoindre, s'épauler. Il est certain que c'est là que doit se situer le cœur de l'hérésie templière, si tant est qu'hérésie il y ait eu.

Parmi les éléments les plus frappants de cette hérésie templière, selon les procès que les pauvres chevaliers ont subis, il y a la représentation d'une tête appelée le Baphomet, un curieux nom qui évoque à la fois Mahomet et peut-être encore d'autres réalités ésotériques venues du fond des âges. Le Baphomet représentait une sorte d'incarnation, qui n'était pas celle de Jésus, et qui aurait été l'objet d'une dévotion mystérieuse. On ajoute, dans les dénonciations et pseudo-révélations de l'époque, des pratiques homosexuelles, tel le baiser sur les fesses. Il n'y a pas de raison sérieuse d'imaginer que tout cela ait eu lieu.

En revanche, on remarquera que le terme

Baphomet est peut-être codé. Si on utilise l'alphabet Atbash, qui remplace une lettre par une autre selon des méthodes très rigoureuses, code qui a été élaboré dans la Palestine du temps de Jésus, on aboutit au mot hébreu de *Hokhma*, la sagesse, la forme la plus élevée de l'arbre de vie selon les kabbalistes, avant bien sûr le Royaume de Dieu lui-même.

Peut-on imaginer que tout cela se soit mêlé d'une manière ou d'une autre? Après tout, les Templiers étaient présents sur tous les fronts de la vie spirituelle. Ils peuvent avoir élaboré une doctrine dont un certain nombre d'éléments ésotériques visaient à réconcilier les deux grandes religions monothéistes, christianisme et islam, sous la responsabilité ou le regard favorable de la troisième, le judaïsme. Ce thème fut important chez Raymond Lulle, le véritable idéologue de la révolution templière.

Autrement dit, les Templiers n'ont pas été détruits parce qu'ils étaient puissants et riches, même si cela a contribué à leur chute, mais parce que l'Eglise était persuadée que le Temple fourmillait de conceptions hétérodoxes et qu'il menaçait la cohésion de l'Eglise. Philippe le Bel et ses ambitions sont venus par surcroît.

Est-ce pour autant que le Temple a été conçu dès l'origine dans de telles dispositions? Evidemment pas. Il y a une telle ressemblance entre la théorie du dialogue des religions, telle que l'exprime Raymond Lulle, et celle d'Abélard, un siècle plus tôt, qu'on doit exclure que les fondateurs du Temple aient pensé dans cette direction. Si quelqu'un a persécuté Abélard et sa compagne Héloïse, c'est bien Bernard de Clairvaux, le grand abbé cistercien fondateur de l'ordre du Temple et inspirateur théologique de cet ordre. Il y a une incompatibilité totale entre les idées du premier Temple et la suite, ouverte sur le dialogue des religions – ce qui fait tomber une grande partie des raisonnements des Dan Brown et autres analystes à sensation, comme Leigh, Baigent et Lincoln. Le Temple a vraiment évolué, et il est impossible d'en faire une conspiration interne à l'Eglise et à la féodalité champenoise et bourguignonne pour faire émerger soit la dynastie mérovingienne, soit la famille authentique de Jésus.

C'est la thèse un peu absurde qui prévaut aujourd'hui dans certains milieux occultistes et ésotéristes. Selon cette version, le Temple serait un leurre. Il aurait été créé par un certain nombre de familles aristocratiques essentiellement concentrées en Champagne, avec le but de sceller et de renforcer un secret dynastique, celui des Mérovingiens. Ce secret dynastique serait la seule et véritable origine du Temple. Une fois réalisées les conditions de naissance de l'ordre du Temple, celui-ci se développe et commence une offensive insidieuse mais très efficace, contre la foi catholique, telle qu'on la connaît en Occident. Il protège les cathares; il cherche le dialogue avec l'islam et il finit par devenir la grande puissance économique de l'Europe. Et la destruction de l'ordre du Temple devient une des catastrophes de l'histoire européenne.

Reprenons au commencement. La preuve de cette histoire fantasmagorique serait le fait qu'au départ, nous n'avons que neuf chevaliers choisis dans l'entourage de Bernard de Clairvaux et qui se donnent pour but d'accompagner les pèlerins en Terre sainte et de les protéger sur leur route. Le bon sens même veut que neuf chevaliers ne suffisent pas à protéger les dizaines de milliers de pèlerins sur les routes dangereuses du Moyen-Orient. La réalité serait autre. On peut rétorquer que les neuf fondateurs étaient à l'origine une sorte d'expérimentation *in vivo* d'un nouvel ordre qui ne pouvait pas se développer du jour au lendemain, surtout vu l'extrême lenteur où les grandes réformes se font au Moyen Age. Il n'y a rien d'impossible à imaginer l'émergence d'un premier noyau templier, et ensuite la constitution progressive d'un ordre à la fois religieux et militaire.

A cette époque-là, il n'y a pas de raison historique de penser que les Templiers n'aient pas partagé les mêmes idéaux que Bernard de Clairvaux. Personnage complexe, celui-ci a été un féministe avant l'heure, en permettant à l'abbesse Hildegarde de Bingen de créer de véritables monastères où les filles recevaient une éducation poussée et participaient aux controverses de la théologie. Il a été un homme ouvert en matière de liturgie et de pensée historique, car il a voulu inscrire la révélation chrétienne dans une conception optimiste de l'histoire qui peut être considérée comme une étape, juste avant la grande *Somme théologique* de Thomas d'Aquin.

Homme de son temps, il a manifesté son refus de toute forme d'hérésie. Sa violence envers Abélard notamment, et son adhésion pure et simple à la conquête de la Terre sainte par le fer et par le sang, en portent le triste témoignage.

Tous ceux qui veulent nous expliquer que les Templiers sont les véritables défenseurs de l'héritage de Jésus et que c'est la raison pour laquelle ils entretiennent à l'origine de bonnes relations avec les juifs, doivent aussi nous expliquer pourquoi Bernard de Clairvaux n'a jamais reproché à Godefroi de Bouillon, lors de la prise de Jérusalem en 1099, d'avoir enfermé tous les juifs de la ville dans une synagogue et d'y avoir mis le feu.

Le Temple a évolué, car il n'avait pas au départ de dessein ésotérique particulier. Parce que la vie chevaleresque en Palestine a éloigné ses membres de l'idéal de chasteté qu'ils étaient censés défendre ; parce que la capacité des Templiers à négocier avec les musulmans les a fait sans cesse mieux les comprendre ; parce que les problèmes logistiques de la Terre sainte nécessitaient une activité commerciale et maritime considérable dans laquelle les Templiers sont passés maîtres ; parce qu'enfin, les Templiers ont pris l'habitude de ne reconnaître aucun roi important de l'Occident latin, ne serait-ce que parce que, à cheval entre la France et l'Angleterre, ils ne voulaient pas être provoqués dans des guerres incessantes.

Voilà ce que l'on peut avancer dans un premier bilan de l'œuvre de l'ordre du Temple. Il n'en reste pas moins que les Templiers sont présents dans le sud-ouest de la France ; que l'héritage templier y est en permanence revendiqué ; qu'il est lié à des hommes comme Raymond VII de Toulouse, qui fut l'un des héros de la deuxième croisade et le premier protecteur des cathares, et que, d'une manière ou d'une autre, cet écho se répercute dans la légende de Christian Rosenkreutz, c'est-à-dire du chevalier parfait, qui accomplit la synthèse de la Rose et de la Croix.

Vrais et faux mystères dans l'histoire de l'ordre du Temple

Il y a dans l'histoire du Temple tous les ingrédients d'un drame extraordinaire. Il s'y trouve de vrais mystères, et il s'y trouve de faux mystères. Parmi les faux mystères, nous avons l'idée que l'ordre du Temple aurait été créé, sous l'égide de Bernard de Clairvaux, pour récupérer des documents en Terre sainte, et prétexter de cette opération pour s'implanter à l'intérieur de l'Eglise catholique, dont l'Ordre ne partageait pas les dogmes. Cette thèse surprenante est soutenue par Leigh, Baigent et Lincoln ainsi que la plupart de leurs émules anglo-saxons. Une production importante s'est faite autour de cette idée, qui n'a aucun fondement historique.

En revanche, il est hautement probable, quand on voit l'évolution des textes d'inspiration templière, que les Templiers, comme d'autres éléments de la société féodale, aient été progressivement gagnés à des idées très différentes de celles qu'ils exprimaient à leur fondation. Parmi ces idées, il y avait des conceptions fortement hétérodoxes, marquées davantage par la mystique islamique que par le judaïsme, à l'inverse de ce que sera plus tard la Rose-Croix, fortement judaïsante. Ce qui exclut là aussi une transmission par voie directe entre Templiers et Rose-Croix, malgré quelques clins d'œil.

Enfin, dans le procès des Templiers, il y a des éléments réels, comme le Baphomet, et il y a des éléments non prouvés, probablement dus seulement à la violente pression physique et morale que les inquisiteurs ont exercée sur leurs malheureux prisonniers. Pour le reste, il nous faut maintenant répondre à plusieurs questions.

La première est de savoir si les Templiers croyaient ou non à la divinité du Christ et à la réalité de la crucifixion. C'est en toutes lettres dans le procès des Templiers : après le baiser sur les fesses et la soumission à la tête animale, le Baphomet, il y avait pire : au moment de son initiation, l'impétrant s'emparait d'un crucifix sur lequel il devait cracher.

Pourquoi cracher sur le crucifix ? Non pour offenser Jésus, mais parce que les Templiers ont défendu la thèse selon laquelle Jésus n'est pas mort sur la croix. Soit il a survécu, c'est la théorie assez répandue à la fin de l'Antiquité, soit, étant donné sa nature divine, il n'a pas pu être crucifié mais est monté directement au ciel. Cette thèse gnostique à l'origine est celle que défend Mahomet dans le Coran. Et s'il y a eu une influence musulmane sur les Templiers, c'est peut-être en ce sens qu'ils niaient l'humanité de Jésus, et donc la possibilité qu'il soit mort et ait souffert sur la croix.

En même temps, ce crachat sur le crucifix est trop beau. On peut avancer raisonnablement qu'avant de croire à la réalité de ce terrible blasphème, il faut se poser la question de savoir si un tel rite apparaît ailleurs, sous une autre forme. Ce n'est pas le cas. L'antichristianisme des Templiers reste entièrement à démontrer. Les Templiers n'ont pas trahi leur mission de défense de la Terre sainte, et ils ont versé leur sang pour la cause du Christ. Ils sont tombés par centaines et par milliers, notamment au siège de Saint-Jean-d'Acre. Ils ont ensuite participé à la lutte contre les musulmans en mer Méditerranée, se dotant d'une flotte de plus en plus remarquable par ses performances.

Rien n'indique donc chez les Templiers une volonté de rompre avec le dogme chrétien et de provoquer chez leurs adeptes un ralliement total à une doctrine antichrétienne qui comportait de tels outrages. On ne voit pas comment dans un organisme de fondation humaine, qui n'exerçait pas la terreur d'une secte sur ses membres, une telle initiation aurait pu demeurer secrète sans que jamais un membre soit allé s'en ouvrir à quelqu'un en dehors des murs du Temple. Car nous sommes dans une époque où le christianisme est la culture dans laquelle baigne tout homme – et tout communique pratiquement sans limite, ne serait-ce que par la confession.

Il n'y a donc aucune raison d'imaginer que les Templiers aient été les détenteurs de secrets concernant la vie de Jésus, par exemple le mariage de Jésus et de Marie-Madeleine.

Oui, les Templiers avaient une dévotion particulière à Marie-Madeleine et la manifestaient souvent. Ils invoquaient Marie-Madeleine comme une de leurs saintes protectrices. Mais l'invoquaient-ils en sachant que Marie-Madeleine était la véritable femme du Christ et qu'ils étaient une milice chargée de mettre la famille du Christ, issue de Marie-Madeleine, à la tête de l'Europe? On ne voit pas, dans ces conditions, pourquoi ils auraient craché sur le crucifix ni donné des indications aussi évidentes de leur dissidence. Surtout, on ne voit pas comment ils auraient su et par quelle chaîne de traditions que Marie-Madeleine avait été l'épouse de Jésus. Tout ceci ne tient pas.

Ce qui est vrai, c'est que les Templiers se sont livrés à de véritables fouilles archéologiques dans l'esplanade du Temple de Jérusalem, qui avait été reconquise par les chrétiens; qu'ils ont découvert des vestiges du Temple de Salomon (premier Temple) et de celui d'Esdras (second Temple). Ont-ils découvert des objets importants? Par exemple, l'Arche d'alliance? On ne voit pas, si c'est le cas, pourquoi ils l'auraient soustraite au regard du pape auquel ils étaient alors dévoués. S'ils avaient caché l'Arche d'alliance ou les trésors du Temple de Jérusalem, découverts dans leurs premières fouilles archéologiques, ils les auraient sans doute entreposés en un lieu connu d'eux, mais qui n'avait aucune raison de se trouver dans le Razès.

On peut donc exclure l'idée selon laquelle les

Templiers étaient détenteurs d'un message de nature antichrétienne. Ce qui est vraisemblable, c'est que les cathares leur aient confié leur trésor plutôt que de le livrer aux croisés albigeois. Et il est parfaitement possible que des Templiers aient protégé un certain nombre de cathares en échange d'espèces sonnantes et trébuchantes.

Ceci expliquerait qu'on n'ait jamais retrouvé le trésor de Montségur après que trois chevaliers l'eurent transporté en lieu sûr, à la veille de la chute de la forteresse.

Entre l'idée de l'humanité de Jésus et de son mariage telle qu'elle est développée par nos auteurs, et celle d'un Jésus qui n'avait plus rien à voir avec l'humanité courante mais qui représentait l'esprit du bien en lutte contre l'esprit du mal, la doctrine manichéenne des cathares, on ne voit pas bien où se situe le point commun. Sinon peut-être dans une hostilité commune à l'esprit d'orthodoxie, à l'Inquisition, à la violence politique en matière religieuse.

Voilà ce que l'on peut imaginer de sérieux concernant les rapports du Razès et des Templiers. Tout cela ne va pas bien loin, et ne justifie en rien l'attention particulière dont le Razès aurait été l'objet. Le seul souvenir de ces Templiers médiévaux dissidents, on le retrouve dans la légende écran de Christian Rose-Croix, c'est-à-dire dans une tentative de syncrétisme religieux qui aurait eu ses lettres de gloire au Moyen Age, et aurait été effacé progressivement par la persécution.

Mais en ce qui concerne l'histoire du chevalier mis en sommeil, j'aurais tendance à rapprocher cette légende des Rose-Croix d'éléments mythologiques différents de ceux de l'ordre du Temple. L'idée du chevalier qui disparaît dans son tombeau et réapparaît après un cycle historique, c'est la légende germanique de Henri l'Oiseleur, l'empereur qui attendrait dans une caverne de pouvoir ressusciter, pour restaurer l'Empire germanique dans son rayonnement originel. Himmler, qui se voulait féru d'ésotérisme, pensait ainsi qu'il était la réincarnation de Henri l'Oiseleur.

L'idée selon laquelle le chevalier Rose-Croix est un chevalier en errance à la recherche de la vérité nous vient directement de Wolfram von Eschenbach. Si transmission il y a, elle est beaucoup plus à l'intérieur de la culture allemande, entre le *Parsifal* d'Eschenbach, devenu un jour livret de Richard Wagner, et le luthéranisme de Johann Valentin Andrae, que dans une véritable filiation historique qui s'étendrait du Temple à la Rose-Croix authentique.

En revanche, il y a un élément où le mystère templier est réel : c'est de savoir qui a échappé à la rafle opérée suite à la décision de Philippe le Bel et du pape de mettre un terme à la vie de l'Ordre. Les chefs, en France, ont tous été arrêtés et suppliciés, mais beaucoup de Templiers « de base » ont échappé au châtiment. Un certain nombre ont réussi à gagner d'autres pays où ils ont été soit réduits à l'état laïc par les autorités locales, soit ont changé d'affiliation. Ceux qui ont fait soumission ont été admis dans l'ordre des Hospitaliers de Saint-Jean de Jérusalem, l'ordre rival en Terre sainte, qui a hérité incontinent d'une partie des biens du Temple. Là où ont existé des Hospitaliers, par exemple à Rhodes, en Crète, à Chypre et à Malte, qui se battaient contre les Sarrasins et les Turcs, les Templiers ont purement et simplement été réadmis, ce qui signifie que leurs divergences théologiques ne devaient pas être si profondes, et que l'esprit d'hétérodoxie qu'on leur prêtait ne devait pas être aussi répandu dans les profondeurs de l'Ordre.

En première approximation, on peut dire qu'une partie des chevaliers du Temple se sont réfugiés en Espagne, plus anarchique et plus tolérante que la France, et sont donc passés effectivement dans leur fuite par la commanderie du Bézu, dans le midi de la France. Mais ils sont surtout passés en Espagne parce qu'on avait besoin de combattants contre l'islam. C'est l'époque où la Reconquête bat son plein et où les monarchies diverses, de Castille, d'Aragon et du Portugal, ont grand besoin de ces Templiers.

Au Portugal, les choses sont connues. A la dissolution de l'ordre du Temple, tous les Templiers portugais prêtent serment au pape et au roi du Portugal et deviennent le nouvel ordre des Chevaliers du Christ. Les Chevaliers du Christ jouent un rôle central dans l'histoire moderne du Portugal car ils exercent une sorte de monopole du savoir-faire en matière maritime, que l'on reconnaissait déjà aux Templiers. Il n'est d'ailleurs pas impossible que les Templiers, qui étaient les meilleurs marins de leur époque, aient découvert les routes de l'Amérique bien avant tout le monde.

En ce qui concerne les Chevaliers du Christ, c'est-à-dire les Templiers portugais, faisons la remarque suivante : Christophe Colomb semble avoir connu un certain nombre d'informations concernant les routes d'accès à l'Amérique du Sud et il semble qu'il ait calculé les étapes à partir de livres de bord qui lui avaient été transmis. Or, on sait que son frère avait été gouverneur portugais de l'île de Madère, l'une des plus proches en droite ligne de la côte sud-américaine, de sorte que le véritable trajet que Christophe Colomb semble avoir accompli passe discrètement par les îles du Cap-Vert, elles-mêmes connues des navigateurs portugais bien avant Vasco de Gama.

Peut-on imaginer que par son frère, Christophe Colomb ait eu à disposition, c'était l'un de ses nombreux secrets, quelques comptes rendus de navigation qui avaient permis d'aborder dès le début du XVe siècle aux côtes du Brésil par exemple, ou aux Antilles ? Ce ne serait pas la plus étonnante des découvertes, et dans ces conditions, nous serions les témoins d'un des savoirs des chevaliers du Temple, mis au service posthume de la modernité, cette fois-ci pour de bon.

Une partie des Templiers de l'ouest de la France ont réussi à fuir vers La Rochelle, leur principale base navale en direction de l'Atlantique. Ici commence la légende des Templiers en Ecosse. Légende probablement moins usurpée que l'on imagine, car les Templiers connaissaient les routes qui menaient aux îles Britanniques, notamment à l'Irlande et à l'Ecosse, par le grand large. Ils peuvent parfaitement avoir vogué depuis La Rochelle en évitant de passer trop près de l'Angleterre, alors acquise aux idées du pape et de Philippe le Bel. Ils seraient ainsi parvenus à aborder sur une terre à demi sauvage, mais libre, l'Ecosse, où existait déjà une commanderie isolée de l'ordre du Temple.

C'est cette légende des Templiers écossais qui est à l'origine de nombreuses révélations maçonniques du XVIIIe siècle, qui aboutissent à la création du rite écossais, dont certains, comme le chevalier Ramsey, un stuartiste réfugié en France, affirment qu'il aurait été directement transmis et transféré par les Templiers à leur arrivée en Ecosse. Cette conception maçonnique est assez romanesque elle-même. La vérité historique est probablement un peu plus complexe. les statuts de Schaw, datant du XVIe siècle, sont les statuts de franc-maçonnerie les plus anciens. Ils sont écossais. Et il n'est pas hors de propos d'imaginer que l'ordre du Temple ait pu être lié avec un certain nombre de confréries de maçons, notamment lorsque ceux-ci ont édifié les plus grandes cathédrales françaises au XIIIe siècle, avec souvent des financements importants du Temple. Qu'une noblesse templière se soit plus ou moins frayé un chemin vers l'Ecosse ou ait trouvé une association avec quelques architectes et maçons dans les îles Britanniques à la fin du Moyen Age, c'est parfaitement envisageable.

Mais cela ne signifie pas que la franc-maçonnerie ait été une création lointaine de Templiers survivants. Simplement, dans le cadre de traditions hétérodoxes, les familles d'origine templière ont dû bénéficier d'une sympathie et d'une estime particulières en Ecosse. De même, il est possible que ce mélange de cultures avec le Temple détruit ait été un élément important dans le développement de la franc-maçonnerie écossaise, elle-même liée à la maison de Stuart.

Une chose est certaine. C'est depuis l'Ecosse que les Templiers ont accompli leurs navigations les plus audacieuses, puisque la famille Sinclair, qui se réclame de ces origines templières, une des plus anciennes familles de la noblesse écossaise, a gardé le souvenir du navigateur vénitien Zénon qui au début du XVe siècle partit sur des navires d'origine templière, dirigés par un Sinclair, et aborda sur les côtes de l'Amérique du Nord. On trouve, à l'église de Rosslyn, sur des bas-reliefs un peu maladroits, le témoignage de cette expédition maritime qui a conduit les marins écossais, accompagnés de leurs maîtres templiers, d'abord aux îles Orcades, puis en traversant en droite ligne, comme le faisaient autrefois les Vikings, jusqu'à la côte de la future Nouvelle-Angleterre. Cette anticipation de la découverte de l'Amérique fait partie des mystères vertigineux de l'ordre du Temple. Ce sont de vrais mystères historiques.

Que les Templiers aient également défendu l'Ecosse contre les entreprises anglaises, c'est vraisemblable. On sait que la bataille de Bannockburn, au début du XIVe siècle, où les Anglais ont été repoussés par Robert Bruce, le chef de guerre écossais à l'origine de la dynastie des Stuart, comporta une charge de chevaliers en plein attirail, avec leurs cuirasses et leurs armes lourdes, charge qui fut décisive dans le retournement de la bataille en faveur des Ecossais. Les Ecossais légèrement armés recevaient ici le secours d'une arme que plusieurs historiens imputent à l'irruption des Templiers dans la bataille, peu après leur accueil en Ecosse.

Légende, réalité ? Nous sommes loin des hypothèses de Dan Brown. Non, Rosslyn n'est pas le modèle réduit du Temple de Jérusalem. C'est probablement un lieu lié à l'évolution rapide de l'Ecosse de la fin du Moyen Age et qui porte le témoignage d'une découverte précoce de l'Amérique par des navigateurs Templiers. Peut-être ne devrions-nous pas en demander davantage.

Les survivances véritables de l'ordre du Temple : Léonard de Vinci et Jeanne d'Arc

Les Templiers, nous venons de le voir, nous ont engagés sur une fausse piste. Ils ne sont pas à l'origine de révélations sur la biographie de Jésus. Ils n'ont pas répandu l'idée que Jésus était marié à Marie-Madeleine. Ils n'ont pas défendu une idéologie potentiellement antichrétienne au cœur du Moyen Age, contrairement aux accusations de leurs ennemis. S'ils ont accompli des prodiges, notamment en matière de navigation transcontinentale, on ne peut pas leur imputer des théories qui sont, de toute façon, antidatées, car soit trop anciennes, et on ne voit pas comment ils auraient pu avoir accès à des textes de l'Antiquité, soit trop récentes, et l'on voit bien que tout ce climat intellectuel de mauvais esprit rationaliste et caustique est beaucoup plus proche des idées néo-païennes apparues avec la Renaissance, l'encyclopédisme chrétien et la scolastique tardive.

C'est ici que nous arrivons à un point délicat, à la fois du récit de Dan Brown et de celui de ses prédécesseurs. Que s'est-il passé entre les Templiers et Léonard de Vinci ? Les Templiers étaient des esprits forts. Léonard de Vinci, tous ses biographes en sont d'accord, l'a été aussi. Dans aucun des domaines de la connaissance que ce génie absolu aura abordés, on ne trouve la moindre trace d'orthodoxie.

Bien sûr, Léonard de Vinci ne dédaigne pas des sujets d'inspiration religieuse. Mais on voit qu'il les transforme en méditations esthétiques qui n'ont plus grand-chose à voir avec la dévotion ancienne, et quand bien même il y aurait une religion authentique chez Léonard de Vinci, il suffit de voir son *Jean-Baptiste* placé sur une ellipse ascendante presque kabbalistique, ou sa *Vierge au rocher*, parfaitement féminine et incarnée, pour comprendre qu'il n'y a pas chez lui de véritable volonté de servir la religion catholique, mais plutôt de faire passer un message beaucoup plus vaste sur le plan métaphysique.

A l'intérieur de ce message, on sait que Dan Brown a « trouvé » que le secret véritable de Léonard de Vinci, comme celui, indéchiffrable, de l'*Arcadie* de Poussin, c'était purement et simplement le secret de la naissance humaine et de la complexité de l'histoire familiale de Jésus. On sait que dans la Cène représentée par Léonard de Vinci, on trouve parmi les participants une personne aux traits vaguement féminins. Dan Brown, qui s'inspire sur ce point de Clive Prince et de Lynn Picknett, deux historiens d'investigation anglais, affirme que le personnage ainsi peint n'a rien à voir avec un apôtre, comme on le croit communément, mais qu'il s'agit de Marie-Madeleine.

Il faut y regarder à deux fois. Quiconque s'escrime sur ce tableau remarquera qu'il n'y a aucune certitude en la matière. On a l'impression que le personnage en question serait plutôt un personnage masculin aux traits féminins, ce qui correspond à la sensibilité de Léonard de Vinci, mais pas une femme. Et s'il plane dans ce tableau une incertitude, ne serait-ce pas plutôt parce qu'un personnage semble être le jumeau de Jésus, ce qui ferait allusion à un certain nombre de légendes qui couraient à la Renaissance sur l'existence, avec Thomas (dont le nom *Taoma*, en araméen, signifie le jumeau), d'un personnage quasi identique à Jésus, ce qui pourrait expliquer que ce ne soit pas Jésus qui soit mort sur la croix, mais son jumeau ?

Toutes les élucubrations sont possibles. Mais une chose est certaine : c'est que Vinci a présenté Jean, le disciple aimé, tel qu'il était évoqué à la fin de son Evangile, posant sa tête sur l'épaule de Jésus dans une position qui, sans être ambiguë, indique une filiation spirituelle ou d'amour particulier de Jésus pour Jean. Si le tableau ainsi cité n'évoque pas Marie-Madeleine de manière évidente, il est conforme à un parti pris « johannique » dans sa conception. Et si Léonard de Vinci avait bien une religion, ce n'était pas une religion de type sceptique prétendument transmise par les Templiers ; c'était une religion « johannique », en provenance directe des courants mystiques issus du franciscanisme radical à la fin du Moyen Age et au début de la Renaissance. Ces courants opposaient implicitement à un Jésus, dont la révélation était encore imparfaite, un Jean l'Evangéliste qui, lui, apportait sa forme définitive à une prédication nouvelle que le christianisme officiel aurait jusqu'ici ignorée :

la religion de Jean le Baptiste, étendue et développée par son successeur véritable, Jean l'Evangéliste.

Là encore, beaucoup d'encre a coulé. Y a-t-il une opposition entre Jean le Baptiste et Jésus ? Il y en a effectivement une puisque, à un moment donné de leur histoire commune, Jésus s'éloigne de son cousin Jean-Baptiste, et celui-ci subit en quelque sorte le premier martyre préchrétien dans le célèbre épisode de « la forteresse de Machéronte » où Salomé, après avoir exécuté une danse endiablée, demande sa tête au roi Hérode, son beau-père. Il est très vraisemblable que Jean le Baptiste ait représenté une orientation religieuse mystique différente de celle de Jésus, plus proche des esséniens de la mer Morte voisine, dont il partageait l'ascétisme anarchisant.

De cela, nous avons la quasi-certitude, avec la découverte des textes fondamentaux de la petite secte mandéenne ou sabéenne qui vit essentiellement en Irak, autrefois aussi dans le sud de la Turquie, laquelle se réclamait de Jean le Baptiste. Les sabéens voient le Baptiste comme le bon prophète, tandis que Jésus aurait été un mauvais prophète, qui aurait détourné les enseignements de Jean-Baptiste à son profit.

On a d'abord cru, lorsqu'on a découvert ces textes mandéens au XIXe siècle, qu'on avait là une clef d'interprétation définitive et critique du Nouveau Testament. C'était aller un peu vite en besogne. En réalité, les partisans de Jean-Baptiste semblent s'être dégagés des chrétiens proprement dits, non pas à l'époque de leur maître, mais beaucoup plus tard, et la figure de Jean-Baptiste a commencé à être construite en opposition à celle de Jésus à l'intérieur de communautés, jusque-là unies en Irak, sans doute entre le IIIe et le Ve siècle après Jésus-Christ. Les mandéens n'ont pas eu de postérité en Occident, mais le thème d'un Jean-Baptiste qui aurait joué un rôle central dans la révélation à travers l'Evangile de Jean, son vrai disciple, et l'Apocalypse, constitue une thématique qui a couru à travers le Moyen Age.

A la fin de cette époque, les plus radicaux affirmèrent que Jean le Baptiste, Jean l'Evangéliste et Jean le rédacteur de l'Apocalypse n'auraient été qu'une seule et même personne – ou trois personnes physiques adoptant le même prénom pour signaler l'unité de leur conception du monde.

Il est certain que l'Evangile de Jean a moins

de rapports avec les trois autres – appelés « synoptiques » parce qu'ils relatent pour l'essentiel la même histoire. L'Evangile de Jean commence par un prologue grandiose, dans lequel on apprend que le Verbe était au commencement. C'est une philosophie à la fois hébraïque et grecque totalement originale et qui subvertit profondément le sens du Nouveau Testament, vers une métaphysique de l'Esprit-Saint.

Evidemment, l'Evangile de Jean, l'Evangile du Saint-Esprit, présente un Jésus plus libre, plus audacieux, et une philosophie de la réalité plus complexe et mystique. De là à penser que cet évangéliste est aussi l'homme de l'Apocalypse, il n'y a qu'un pas, allègrement franchi au Moyen Age. De là à conclure que Jean le Baptiste a un rôle particulier dans cette histoire, soit comme précurseur de Jean l'Evangéliste, soit comme étant une seule et même personne, ce qu'enseignaient certaines loges maçonniques à partir du XVIIIe siècle, il n'y a pas une grande distance à couvrir.

Une chose est certaine : entre l'extraordinaire portrait de Jean-Baptiste et celui de la Cène, on voit la dévotion particulière de Léonard de Vinci envers une version johannique du christianisme, qui, affranchie d'un certain nombre de dogmes, lui permet de proclamer à mi-voix des vérités qui n'avaient jamais été entendues jusqu'alors.

Que pense Léonard de Vinci? Certainement un mélange de paganisme, de kabbalisme précoce et de johannisme. Paganisme que la résurrection des corps dans leur gloire épurée du péché originel. Paganisme que la redécouverte des proportions essentielles du monde – du nombre d'or, en particulier. Hébraïsme que cette idée selon laquelle le calcul nous livre les clefs de l'univers tout entier, car celui-ci est fait de chiffres. C'est la kabbale juive qui a introduit cette idée révolutionnaire, la *guematria*, dans le monde intellectuel de la Renaissance : l'univers pourrait être lu de part en part à travers les mathématiques. Et puis inspiration johannique, assurément, car Léonard de Vinci est pris dans le messianisme précoce de son époque. Il attend non pas l'Apocalypse, comme les fous de Dieu du Moyen Age, mais une révélation complète et apaisée, la lumière qui était à l'origine et qui doit se développer contre les ténèbres de l'ignorance, cette lumière angélique dans laquelle baignent ses paysages. C'est en cela que cette dévotion johannique reconduit et retrouve un certain nombre de traditions du compagnonnage, notamment en France, et des petites sociétés discrètes que sont ces académies de pensée, comme l'Académie médicéenne de Florence, qui, à un moment ou à un autre, ont commencé à subvertir l'ordre ancien.

Que Léonard de Vinci ait été l'annonciateur le plus génial de tout ce mouvement, oui. Que cette annonce ait comporté une subversion du texte évangélique, oui. Mais le mariage de Jésus et de Marie-Madeleine, certainement pas, car dans toutes ces sociétés secrètes de la Renaissance, on tourne autour d'une seule question : l'humanité du Christ. Le Christ est un prophète de Dieu ; le Christ est un homme. Il n'est pas le fils de Dieu. Le système trinitaire où Dieu se répartit en trois personnes serait une invention théologique tardive. Tout ceci, Léonard de Vinci l'a sûrement pensé, d'une manière ou d'une autre.

Mais il a sans doute été en rapport avec d'autres courants hérétiques de son temps. Certains lui imputent même la création de systèmes photographiques ou quasi photographiques qui seraient à l'origine de la pigmentation du suaire de Turin, cette précieuse relique entrée en possession de la maison de Savoie à une période tardive, venant d'une des grandes familles champenoises liées à la croisade et à l'aventure des Templiers. Ledit suaire avait failli brûler au XIVe siècle dans un conflit local, si l'on en croit la tradition qui affirme que la relique avait survécu aux flammes.

Or, les tests au carbone 14 ont montré depuis que le suaire ne date pas de l'Antiquité, mais du XVe ou XVIe siècle. Les dates pourraient convenir à la biographie de Léonard de Vinci. Certains chercheurs anglais affirment sans preuve, mais en invoquant une tradition ésotérique, que le suaire de Turin aurait été confectionné autour d'un buste d'homme... par Léonard de Vinci lui-même. D'autres affirment que les taches de sang ont été analysées, lesquelles coulaient de nombreuses plaies; même s'il est exclu qu'il s'agisse du sang d'un crucifié, ce serait tout simplement celui d'une tierce personne, ni Jésus, ni Léonard de Vinci. Pourquoi pas Jacques de Molay, le grand maître de l'ordre du Temple, dont le linceul aurait été transmis à la maison de Savoie par ces familles champenoises rattachées à la tradition templière? C'est aller chercher bien loin.

Si une tradition ésotérique attribue à Léonard de Vinci un certain nombre de prodiges, qui étaient simplement naturels, de l'ordre d'une physique qui n'était pas aussi avancée dans ses énoncés théoriques que les intuitions du grand maître, elle exclut de sa part une théologie dogmatique qui se serait substituée à la théologie traditionnelle. Ce dogmatisme, c'est précisément ce que les académies de la Renaissance ne pratiquaient pas. Elles jouaient avec les hypothèses. Elles s'amusaient à choquer de manière discrète par rapport aux enseignements de l'Eglise. Elles n'allaient guère au-delà.

Faire de Léonard de Vinci l'exécuteur testamentaire des Templiers ou celui qui aurait répandu leurs secrets sur la nature humaine du Christ, mais aussi sur son mariage et pourquoi pas sur sa famille, tout cela demeure une vue de l'esprit. Si Léonard de Vinci a été un génie hétérodoxe, ce n'est pas en rapport avec ce genre d'événements.

Si révélations templières il y a et si les sociétés de la Renaissance ont été accessibles aux secrets venus du Temple, c'est essentiellement dans l'opposition d'un christianisme johannique, à la fois plus érudit et plus éthéré, à un christianisme jugé trop littéral, celui des Evangiles synoptiques.

En revanche, et c'est l'un des aspects les plus intéressants de cette filiation templière, il y a un épisode qui est passé sous silence, c'est « l'affaire Jeanne d'Arc ».

Le personnage de Jeanne d'Arc ne correspond pas à ce qu'on en attendrait. Elle monte très bien à cheval, ce qui n'était nullement courant à son époque. Elle reconnaît le dauphin Charles VII lors de leur première entrevue comme si elle le connaissait depuis toujours. Elle entend des voix qui pourraient être celles de la duchesse Yolande de Bar ou de membres de la famille de celle-ci, qui était installée dans son fief de Lorraine et qui aurait protégé à ce moment-là la jeune femme. D'où l'hypothèse qui a été émise dès le XVIIIe siècle d'un lien familial de Jeanne et de Charles VII.

Ces hypothèses apparemment farfelues méritent d'être examinées sans préjugés car, si Jeanne d'Arc est, comme certains le prétendent, la fille d'Isabeau de Bavière, cachée aux Anglais et élevée par une famille amie aux confins de la Lorraine, si elle est donc la demi-sœur de Charles VII et si le rôle dynastique qui lui est attribué est venu de sa marraine, Yolande de Bar, et d'un certain nombre de familles de Lorraine directement liées à Charles VII, mais aussi à une certaine filiation templière, à ce moment-là, beaucoup de choses s'expliqueraient : le prestige subit et l'extraordinaire capacité politique de la jeune femme qui semble tout à fait à son aise dans la société royale, voire comme chef de guerre.

Si nous observons qui sont les compagnons de Jeanne d'Arc, nous sommes frappés d'un certain nombre de coïncidences. D'abord le rôle de René d'Anjou, le bon roi René, qui est à la fois comte de Provence et roi de Naples, et qui a été un soutien constant de Jeanne d'Arc dans ses batailles. Il y a aussi chez Jeanne d'Arc un symbole extraordinaire : son étendard, qui ressemble comme un frère à celui des Templiers, le Baussant. Lorsque Jeanne d'Arc l'installe à la cathédrale d'Orléans, après la prise de la ville, et alors qu'elle a déjà décidé de marcher sur Paris, elle a ce mot célèbre s'agissant de son drapeau : « Il était hier à la peine ; il est normal qu'il soit aujourd'hui à l'honneur. » Mais de quelle peine s'agit-il ?

Cette façon qu'a Jeanne d'Arc de placer ainsi le destin de la France entre les mains d'un étendard proche du Baussant des Templiers, et en alliance étroite avec un homme, René d'Anjou, qui fait partie intégrante du milieu intellectuel de la première Renaissance, très proche des Médicis, ne doit pas manquer de nous surprendre. Ajoutons, pour faire bonne mesure, la large présence écossaise autour de Jeanne d'Arc, notamment dans sa garde personnelle.

Car la guerre de Cent Ans fut une guerre complexe dans tout l'ouest de l'Europe. C'est à cette occasion que la Flandre s'est vraiment émancipée de la France. C'est aussi à cette occasion que l'Ecosse invente une politique étrangère opposée à celle de l'Angleterre et débouchant sur une alliance étroite avec la France.

Récemment encore, on a découvert le manuscrit du chant des volontaires écossais qui accompagnaient Jeanne d'Arc pour la prise d'Orléans. Cette musique a été retranscrite sur ordre de Charles Hernu, en 1982, qui en a fait une musique militaire en usage dans toutes les armées françaises, et de plus en plus populaire. Elle indique en tout cas que les compagnons écossais de la Pucelle étaient nombreux, et rendent manifeste un possible héritage templier, mis au service des Valois.

Jeanne d'Arc était-elle l'exécutrice testamentaire de l'ordre du Temple? Bien sûr que non. Si elle l'était, son incontestable foi catholique, qui s'est manifestée dans les pires épreuves, suffirait à nous montrer que les Templiers n'avaient rien d'antichrétiens.

En revanche, que l'Eglise catholique ait voulu brûler rapidement la jeune femme parce qu'elle redonnait vie à un certain nombre de symboles et de réalités politiques que l'on ne voulait pas voir revenir sur la scène; que la couronne d'Angleterre ait été assez confiante en l'attitude de l'Eglise catholique pour lui laisser la tâche de la répression judiciaire du mouvement de Jeanne d'Arc, ce sont là des faits historiques avérés.

Si nous revenons maintenant à René d'Anjou, prince des alchimistes, et personnage central de la pré-Renaissance française, qui a commencé à introduire artistes italiens et conceptions italiennes en France, on est frappé par la continuité, là encore, d'un certain nombre d'idées qui prennent leurs racines dans le XIIIe siècle – la tolérance religieuse en particulier. René d'Anjou protégea jusqu'à sa mort les juifs du comté de

Provence, qui ne seront expulsés de ses terres que parce que, le domaine royal s'accroissant sans cesse, il s'y applique sans nuances l'arrêté d'expulsion des juifs de France pris par Charles VI tout à la fin du XIVe siècle. Tolérance aussi à l'égard d'idées hétérodoxes, issues d'une Renaissance essentiellement gréco-latine. Tout cela est un legs de cette période où, à la suite de la réunification de la France, à la fin de la guerre de Cent Ans, c'est la tolérance religieuse qui domine et des conceptions qu'on pourrait appeler, non sans anachronisme, libérales, que rien ne permettait d'envisager au moment de la guerre de Cent Ans.

Il y a donc bien un événement qui survient à ce moment-là, où certaines traditions templières enfouies semblent réapparaître au grand jour au nom d'une idée de défense de la France, qui provient d'un certain nombre de milieux jusque-là marginalisés par l'alliance de l'Eglise, des grandes familles de Bourgogne et des Anglais. Le phénomène Jeanne d'Arc peut avoir puisé à travers l'Ecosse comme à travers René d'Anjou dans l'héritage templier. Cela ne fait de Jeanne d'Arc ni une cousine du Christ ni une arrière-petite-fille de Jésus.

Marie-Madeleine et la découverte des manuscrits de Nag Hammadi

Nous sommes allés aussi loin que nous le pouvions dans l'investigation autour de Rennes-le-Château. Nous avons glané des pépites, mais rien qui constitue une pensée cohérente, rien qui permette de dire, contrairement à ce que le *Da Vinci Code* nous affirme, que Léonard de Vinci était au courant de révélations sensationnelles sur la réalité même du christianisme, sur la filiation de Jésus et sur sa paternité supposée. D'ailleurs, rien dans les données historiques ne nous permet de l'affirmer.

Prenons le problème par un autre bout. Essayons de partir de l'histoire ancienne elle-même, celle de Jésus, de ses successeurs, et de comprendre ce qui a pu se passer qui légitime un intérêt particulier pour le Midi français.

La réponse est immédiate : nous connaissons une tradition ancienne, qui remonte probablement au milieu du IIe et surtout au IIIe siècle après Jésus-Christ, la grande époque de l'évangélisation de l'ensemble de l'Empire romain, où l'on attribue déjà à la Gaule la gloire d'avoir accueilli Marie-Madeleine, et d'autres fugitifs qui se seraient embarqués sur « une barque sans gouvernail » – c'est l'expression qui est employée – pour aboutir, après avoir dérivé dans la Méditerranée, aux Saintes-Maries-de-la-Mer. C'est d'ailleurs l'origine du pèlerinage marial des Saintes-Maries. Les tziganes voient une union mystique de la France et de leur déesse mère, Sara-la-kali, qui est proclamée par les Tziganes venus de l'Inde comme leur véritable protectrice, la Vierge noire.

Vierge noire, Vierge blanche, Marie, mère de Jésus, Marie-Madeleine, celle qui fut l'une des personnes présentes lors de la crucifixion, seule encore face à Jésus, qui, lorsque celui-ci réapparaît dans sa Résurrection, lui adresse ce mot tendre de *rabbouni*, petit rabbin, en araméen, effectivement, cette même Marie-Madeleine est étroitement associée aux mystères de la Gaule, depuis les origines du christianisme.

Attention : les traditions chrétiennes les plus anciennes ne se contredisent pas. Il n'y a pas de saints que l'on se dispute d'une région à l'autre. C'est ainsi que Joseph d'Arimathie est clairement associé à l'Angleterre, de même que saint Marc est l'évangélisateur de l'Egypte, et Marie-Madeleine celle de la Gaule. D'où ce titre de « fille aînée de l'Eglise » qui est accordée par les papes à la France dès les débuts du Moyen Age.

Il ne faut donc pas adopter une attitude d'un scepticisme outrancier. Il y a un lien très fort entre la légende de Marie-Madeleine et les débuts de l'évangélisation de la Gaule. Marie-Madeleine a-t-elle trouvé place à la Sainte-Baume, où la tradition la fait reposer ? Est-elle décédée, comme le prétend la légende, dans ce monastère étonnant, troglodyte, dont les explorations archéologiques conduisent à placer la fondation deux siècles plus tard ? Après tout, peut-être des installations cénobitiques consacrent-elles le souvenir du passage de Marie-Madeleine par ces lieux, et leur ultérieure sanctification ?

Ici, il nous faut faire un détour pour apprécier l'importance qu'a revêtue la Gaule dans l'histoire de la fin du royaume juif de Jérusalem, tout à la fin du second Temple, avant sa destruction en l'an 70, autrement dit à l'époque du ministère de Jésus et tout de suite après. A la mort d'Hérode le Grand, le sinistre roi des Juifs qui a terminé sa vie dans la paranoïa la plus complète, ses enfants, qu'on appelle les tétrarques parce qu'ils sont quatre, se disputent son héritage. L'un d'entre eux, Hérode Agrippa, qui porte le nom de son grand-père Agrippa, le gendre d'Auguste, et qui était très lié à la famille impériale, a été exilé par l'empereur Tibère. Il est obligé de quitter la Palestine avec toute sa famille, son attirail, ses courtisans, pour s'installer à Vienne, en Gaule, à l'époque ville aussi importante que Lyon. Hérode Agrippa y tiendra sa cour avec un grand déploiement de luxe jusqu'à la fin de sa vie. Nous connaissons bien l'histoire d'Hérode Agrippa parce que son avocat auprès de l'empereur n'est autre que le philosophe juif d'Alexandrie, Philon, lequel, dans un plaidoyer en grec qui a été conservé, défend les intérêts de son client et ami, vainement d'ailleurs. Hérode Agrippa terminera sa vie en exil.

Nous assistons à la naissance d'une communauté juive organisée autour de ce prince, et nous voyons aussi comment la route du Rhône devient jalonnée par les premières communautés juives de l'Antiquité gallo-romaine. A Massilia, une communauté juive d'époque hellénistique était déjà présente au IIe siècle avant Jésus-Christ, comme certaines fouilles dans la zone du Vieux Port l'ont à peu près établi. On voit que les communautés juives de cette région datent toutes de cette première génération de la paix romaine, les règnes qui se succèdent de Tibère à Néron. Narbonne, grand port tourné vers l'Orient, mais Arles aussi à laquelle on accède encore par voie de mer, ont été les réceptacles des premières traditions juives locales. On peut même ajouter qu'à Nîmes ont été installés les vétérans des légions de César qui avaient participé à la conquête de l'Egypte, raison pour laquelle la ville de Nîmes porte encore aujourd'hui le crocodile du Nil sur ses armoiries.

Bref, des liens entre l'Orient et la Gaule, il y en a beaucoup. Et l'insistance sur le rôle de Marie-Madeleine en Gaule est presque aussi ancienne que cette première implantation. Marie-Madeleine est souvent confondue avec Marie, la mère de Jésus, qui apparaît souvent et très tôt tenant entre ses mains le divin enfant.

D'où l'affirmation des amis idéologues et prédécesseurs de Dan Brown, qui, lorsqu'ils voient une statue de Marie portant l'enfant Jésus, prétendent qu'il faut comprendre systématiquement par là une représentation de Marie-Madeleine et du fils de Jésus. Une telle allégation est parfaitement gratuite, et a une origine beaucoup plus contemporaine que tout ce que l'on pourrait imaginer.

C'est dans les années 1950 qu'ont été déchiffrés une série de rouleaux et de manuscrits découverts dans le désert égyptien, sur le site de Nag Hammadi, où a longtemps existé sous l'Empire romain une communauté religieuse chrétienne dissidente, que l'on appelle gnostique. Nous verrons plus loin ce que sont ces gnostiques. Ces textes de Nag Hammadi ont été mis au jour grâce à un philologue égyptien, Togo Mina, qui a publié les textes rapidement, beaucoup plus vite que les manuscrits de la mer Morte, dont l'identification matérielle remonte à peu près à la même époque – 1948, en l'occurrence).

Que nous apprennent ces textes sur la vie de Jésus ? Beaucoup d'éléments épars, parfois contradictoires, mais on y trouve notamment un de ces évangiles gnostiques, celui de Philippe, qui se présente sous forme de petits paragraphes, que l'on appelle en grec des *logia*, comptes rendus brefs de paroles attribuées à Jésus. Parmi ces paroles, il en est qui sont profondément choquantes pour qui accepte les Evangiles synoptiques. Par exemple, dans le texte de Philippe, Jésus déclare que son royaume est « bien de ce monde » et non pas l'inverse, comme tout le monde l'a lu dans Luc... Mieux encore : les disciples de Jésus vont à l'assaut de leur maître pour lui reprocher les liens privilégiés qu'il a tissés avec Marie-Madeleine. « Pourquoi Marie-Madeleine joue-t-elle un tel rôle ? Pourquoi l'embrasses-tu sur la bouche ? » Là, le texte est partiellement effacé, mais il a été à peu près reconstitué. Jésus a formulé cette réponse de bon sens, en tout cas dans l'Evangile de Philippe : « Je l'embrasse sur la bouche parce que je l'aime. » J'exagère à peine.

Il est évident qu'avec la découverte des manuscrits de Nag Hammadi, et malgré la discrétion des érudits qui les ont eus entre les mains, l'image de Marie-Madeleine a définitivement basculé. Jusqu'alors, on ne trouve pas de théorie complète de son rôle, bien qu'un certain nombre d'éléments nous laissent sur notre faim, lorsqu'on a lu les Evangiles.

Marie-Madeleine joue un rôle capital dans le récit de la vie de Jésus. Elle rejoint Jésus volontairement et devient une de ses disciples les plus importantes. C'est à travers cet épisode qui ne correspond pas du tout à la place canonique dont la femme devra se contenter dans la vie communautaire chrétienne telle que la conçoit saint Paul, que l'on discerne, de la part de Jésus lui-même, une liberté d'approche extraordinaire, une volonté de transcender la séparation des sexes au nom de l'amour divin, et certainement une association très grande des femmes à la première chrétienté.

S'il y a une personne centrale dans cette réhabilitation de la femme, c'est bien Marie-Madeleine, la dernière à veiller Jésus au pied de la croix, la première à le reconnaître lors de sa résurrection. Il est évident que si Marie-Madeleine a été mise en exergue dans les Evangiles, ce n'est pas pour rien. Les rédacteurs des Evangiles ont voulu rappeler le lien intime, profond, insécable, qui reliait Jésus à Marie-Madeleine.

Est-ce un lien de chair ? Il est évident que la question devient impossible à formuler à partir du moment où l'incarnation de Jésus a été définie comme une incarnation divine, et la conception de Jésus lui-même comme « immaculée », toutes notions tardives dans la théologie chrétienne. On a tout fait pour atténuer des termes pourtant explicites dans les Evangiles, comme par exemple le titre de « frère du Seigneur » pour Jacques. Certaines interprétations catholiques et orthodoxes tardives ont fini par prétendre que *adelphos* signifiait « cousin » dans le grec hellénistique parlé dans l'Orient romain, sans aucune preuve philosophique à l'appui. On a essayé de limiter les liens que Jésus pouvait entretenir avec sa famille, nier ce qui ne faisait encore aucun problème dans les traditions de l'Antiquité tardive : si Jésus était le seul fils de Marie conçu dans les conditions que l'on sait, il avait en revanche, selon de nombreuses traditions chrétiennes, des demi-frères, parmi lesquels Jacques, qui était probablement l'un des enfants de Joseph. Quand Jésus s'exclame à plusieurs reprises « Où sont mes frères ? », il s'agit de frères selon la chair.

Cet aspect de la vie de Jésus, présenté comme essentiellement un homme dans les premiers textes du christianisme, a été peu à peu effacé, même si le caractère sacré de certains textes ne permettait pas d'aller jusqu'au bout du remaniement. C'est ainsi une tradition bien plus tardive qui fait de Marie-Madeleine une prostituée repentie. Rien de tel ne figure dans les Evangiles. On y affirme certes que Marie-Madeleine était une pécheresse, mais qui n'est pas pécheur dans ce monde que Jésus accueille ? En tout cas, cette allégation de prostitution a été retirée par l'Eglise catholique d'aujourd'hui. Le rôle de Marie-Madeleine est donc en pleine réévaluation, tant érudite que populaire. Les tendances féministes dans l'Eglise, notamment dans les pays anglo-saxons, montrent que Jésus était plus féministe dans ses attitudes que ses successeurs pauliniens...

La question du statut de l'Evangile de Philippe et des manuscrits gnostiques de Nag Hammadi en général est un peu différente. Ce qui ne va pas dans le sens d'un mariage effectif de Jésus et de Marie-Madeleine, c'est que l'Evangile de Philippe est un évangile gnostique. Les gnostiques engagent une véritable déviation, ou du moins une innovation considérable, à l'intérieur de la doctrine des communautés chrétiennes.

Que ces questions apparaissent d'abord en Egypte ne doit rien au hasard. En Egypte, la spéculation philosophique va bon train à l'époque, sous l'effet de la grande culture cosmopolite d'Alexandrie, et les gnostiques égyptiens empruntent exactement le sens inverse des judaïsants, dans l'Eglise naissante. Si l'on préfère, les judéo-chrétiens, qui restent les plus proches du judaïsme traditionnel, soutiennent l'idée selon laquelle Jésus est un prophète d'Israël, le plus grand d'entre eux, mais un prophète au même titre que Samuel, que Jérémie, qu'Ezéchiel, qu'Amos. Et ils proclament que Jésus demeure un homme, conçu dans des conditions humaines, pour assurer le salut de l'humanité.

Saint Paul opposera à cette doctrine judéo-chrétienne l'idée que le fils Jésus est identique au Dieu unique, le Père, qu'ils forment deux aspects d'une seule et même réalité et on y ajoutera, pour intégrer la pensée johannique, le Saint-Esprit, ce qui conduira au IVᵉ siècle au symbole dit « de Nicée », la Trinité, Dieu sous trois personnes mais conçues en une seule unité. Cette prise de parti théologique sera confirmée au concile de Chalcédoine, aujourd'hui le fondement de l'orthodoxie chrétienne. Seuls certains chrétiens orientaux, coptes d'Egypte, arméniens, syriaques, n'ont pas accepté cette révolution théologique.

Quoi qu'il en soit, pour les gnostiques, Jésus n'est qu'une incarnation d'un principe divin, et il n'est pas du côté de l'humanité aimante. Il est au contraire du côté de la divinité, raison pour laquelle il n'a jamais été concerné par les souffrances de notre monde fini. C'est donc un contresens relatif que de faire d'un texte gnostique la preuve du mariage de Jésus... Parce que ce texte est gnostique, il doit montrer que l'amour de Marie-Madeleine pour Jésus n'est en fait qu'une union divine avec un personnage qui est déjà au-dessus de la simple humanité.

Par association, on pense au culte d'Isis – dont la Marie-Madeleine de Nag Hammadi reprend certains aspects théosophiques – et au dévouement qu'elle peut ressentir pour Osiris, son époux, le tout traduit dans le langage chrétien de l'époque. Bref, il n'est pas impossible d'argumenter que le texte de l'Evangile de Philippe ne constitue en rien une preuve radicale du mariage, ou même de l'amour humain, de Jésus. Pour faire bonne mesure, il est également évident que certains groupes gnostiques, à un moment donné de leur affrontement, sont venus prendre le contre-pied de la version traditionnelle.

Il n'y a pas de preuve textuelle du mariage de Jésus et de Marie-Madeleine. Le mariage de Jésus en général, c'est une autre affaire. En effet, dans la conception traditionnelle rabbinique du judaïsme, que Jésus a parfaitement connue, même si elle ne faisait que commencer, on ne peut enseigner que si l'on accomplit les commandements. Or, le mariage, dans le judaïsme rabbinique de l'époque, est un commandement absolu. Qui n'est pas marié n'a pas le droit au titre de *rabbi* que porte constamment Jésus dans les Evangiles. On en conclut que Jésus était marié.

C'est un argument théologique qui est difficile à réfuter. Mais on peut s'en tirer en affirmant que tout ceci n'a été vraiment consolidé qu'à l'époque du Talmud, c'est-à-dire environ cent à cent cinquante ans après la mort de Jésus, et qu'à cette époque de crises dans le judaïsme, il existait une plus grande liberté d'interprétation de la Loi. Pensons aux esséniens qui sont probablement les rédacteurs de la plupart des manuscrits de la mer Morte. Les communautés chrétiennes essaimées le long de la mer Morte et de la vallée du Jourdain semblent avoir encouragé un célibat plutôt strict et un rejet très fort des pratiques sexuelles. Donc, si Jésus, comme Jean-Baptiste, dont personne ne nie qu'il ait été essénien, entretenait des liens avec ces communautés ascétiques, il pouvait parfaitement emprunter le titre de maître, rabbi, et ne pas être marié. Au total, toute l'argumentation qui semble si décisive dans les ouvrages de Leigh, Baigent et Lincoln, repris par Dan Brown, n'est pas si solide quand on y regarde de plus près.

Il n'empêche que c'est avec la découverte de l'Evangile de Philippe que les esprits critiques vont vouloir rendre à Marie-Madeleine, non seulement la place qu'elle mérite dans l'épopée évangélique, mais aussi lui en conférer une autre, celle de femme mariée.

Marie-Madeleine et les origines de la France chrétienne

Nous avons acquis une certitude : Marie-Madeleine fut très liée à la vie de Jésus. Elle a joué un rôle central dans sa prédication. Elle a rejoint la Gaule après la crucifixion et elle constitue un élément très important des premiers pas du christianisme en Occident. Était-elle l'épouse de Jésus ? Rien n'est moins sûr. Pour cela, il va falloir à ces interprètes d'un nouveau genre, dont Dan Brown est le talentueux répétiteur, forcer les choses, sous-entendre d'abord que Léonard de Vinci était au courant de tout. Rien dans ses tableaux ne prouve qu'il ait adopté un tel point de vue. Ensuite, il faut prouver que le mariage a été décrit quelque part, car si l'amour de Marie-Madeleine pour Jésus, qui n'est que sous-jacent dans les Evangiles classiques, est mis en valeur dans les manuscrits de Nag Hammadi, notamment l'Evangile gnostique de Philippe, ce texte ne va pas jusqu'à parler de mariage.

Il va donc falloir un certain nombre de manipulations supplémentaires : prétendre que l'autre Marie qui apparaît dans les Evangiles, la sœur de Marthe – comparée à sa sœur parce que moins travailleuse, même si elle n'en a pas moins une foi intense –, serait la même personne que Marie-Madeleine... On peut aller plus loin. Etant donné que Lazare est le frère de Marthe et de Marie, et que les noces de Cana sont célébrées en présence de Jésus qui y accomplit des miracles, on peut même imaginer que les noces de Cana n'avaient d'autre raison d'être que de célébrer les épousailles de Jésus lui-même. Avec qui ? Quelle bienheureuse fiancée ? Avec Marie, bien sûr, c'est-à-dire avec Marie-Madeleine, qui n'est autre que la sœur de Marthe et de Lazare, faisant une avec la Marie des béatitudes... Poussant les choses encore plus loin, puisqu'il s'agissait dans ce cas d'une famille visiblement patricienne, on va imaginer que Joseph d'Arimathie, qui était membre du grand sanhédrin et du parti aristocratique sadducéen, celui qui a réussi à trouver pour Jésus une tombe juive traditionnelle, n'était que son beau-père...

Cette version est une belle histoire parmi d'autres... Pour qu'elle ait une valeur historique, il faudrait que des bribes anciennes de ce récit aient survécu. Or, même dans les polémiques antichrétiennes de l'Antiquité, dont des fragments nous demeurent, ceux de Celse notamment, on ne met pas cette supposée biographie en valeur. Et si la personnalité historique de Jésus n'est nullement niée, on ne prétend pas non plus qu'il ait eu une vie de mari ou d'amant, avec tout ce que cela peut impliquer. Que Martin Scorsese ait obtenu un grand succès de cinéma avec cette histoire, en mettant à l'image le roman *La dernière tentation du Christ*, de l'écrivain grec du début du XXe siècle, Kazantzakis, ne fait pas vérité historique. Si Marie-Madeleine est un personnage historique, elle est sans conteste liée à la Gaule. Oui, elle a aimé et peut-être a-t-elle été aimée de Jésus, mais d'un amour qui n'est pas nécessairement l'amour humain. Pour le reste, ce ne sont qu'élucubrations diverses et variées, qui viennent combler un peu facilement notre ignorance.

Ce qui est certain, c'est que Marie-Madeleine

a été à l'origine d'une dévotion particulière du christianisme en Gaule et qu'elle est rattachable au judéo-christianisme qui a joué un rôle dans le développement de la chrétienté antique, notamment dans l'ouest de l'Empire romain. On sait que deux Eglises ont coexisté l'une avec l'autre dans cette région pendant une longue période. L'une, une Eglise fondée sur les premières communautés juives ou sur l'élargissement de la notion de communauté juive, était plus respectueuse de l'Ancien Testament, voire des prescriptions légales en usage dans le monde juif. Ces judéo-chrétiens, qui ont été étudiés depuis un siècle, notamment par le cardinal Daniélou, ont été un élément important du commencement de la chrétienté. Il s'y est greffé ensuite un second christianisme, établi par la prédication paulinienne, un christianisme d'origine païenne, romaine particulièrement, ou grecque, plus à l'est, qui s'est peu à peu conjoint avec le premier et a passé des compromis dans la rédaction définitive des Evangiles comme dans la pratique du culte.

Un homme comme le bénédictin Jean Mabillon, au XVIIe siècle, un des véritables fondateurs de la science historique, s'est intéressé, non sans quelque impertinence, au rôle des pains azymes pour la Pâque dans le christianisme occidental des origines. Les pains azymes avaient disparu de l'Eglise grecque dès le IVe siècle et ils ont continué à perdurer dans le haut Moyen Age chrétien, en France, en Espagne et surtout en Irlande, dans le christianisme celte. Tout ceci a beaucoup intéressé Mabillon.

En tout cas, il y a une légende très prégnante, notamment dans le Midi occitan : c'est celle du martyre commun de Celse et Nazaire. Ces deux noms sont significatifs de l'amalgame des deux christianismes évoqués auparavant. Celse en effet est un nom romain ; c'est un chrétien romain qui vient de Lyon et veut évangéliser toute la Gaule. Nazaire, tel que le nom apparaît, est un sémite, sans doute un *nassir*, c'est-à-dire, dans la tradition juive, un homme qui fait vœu de ne pas se couper les cheveux ni la barbe, un peu comme les sikhs aujourd'hui, pour manifester sa pieuse soumission à la volonté divine. Nazaire était un judéo-chrétien et Celse un paganochrétien. Ils sont souvent associés, à Narbonne, à Rennes-le-Château, avec la chapelle de Celse et Nazaire, en fait un peu partout dans le midi de la France.

Nous trouvons ici l'indice peu discutable d'une construction complexe de l'Eglise, en France, à l'époque romaine. Encore au Moyen Age, Rachi, le grand interprète du Talmud et de la Bible, qui vivait à Troyes en Champagne, à l'époque des premières croisades, entre en guerre contre les traditions populaires juives. Elles font de saint Pierre l'inventeur d'une des prières les plus connues du rituel juif quotidien, le *Nishmat kol Hay*, une bénédiction de tous les êtres vivants particulièrement émouvante. Rachi lutte pied à pied contre cette tradition.

Nous discernons la cicatrice témoin que nous révèle l'existence d'une importante Eglise judéo-chrétienne dans l'Antiquité tardive. Cette Eglise est à l'origine, notamment avec Marie-Madeleine et la cour d'Hérode Agrippa, de l'essor d'un christianisme nouveau qui ne s'est que progressivement dégagé de ses traditions juives.

Ajoutons une réflexion : ceux qui espèrent trouver le tombeau du Christ dans l'histoire de Rennes-le-Château, un Christ qui aurait échappé à la crucifixion et qui serait décédé en Gaule après avoir vécu avec Marie-Madeleine, oublient ceci : si tombeau il y a, il doit être depuis longtemps effacé. Dans la tradition juive, on est enterré à même le sol. Certes, en dehors de la terre d'Israël on peut ajouter un cercueil, mais la tombe doit être légère. Elle ne peut pas devenir un sanctuaire, elle ne peut pas être tenue pour un lieu de pèlerinage ou de culte. Jésus aura été enterré de manière discrète, très exactement comme on décrit son enterrement, dans ce caveau que Joseph d'Arimathie était parvenu à lui trouver sur le mont des Oliviers.

Pour ma part, je tiens l'idée selon laquelle Jésus aurait pu être enterré en Gaule pour une faribole. L'idée que Jésus ait pu avoir des descendants qui seraient venus avec Marie-Madeleine l'est aussi. Pourquoi? Parce que si ces descendants étaient des descendants en ligne directe de Jésus, il est évident que l'Eglise n'aurait pas réussi à cacher cette information à l'époque où l'Empire romain fonctionnait dans la plénitude de sa puissance et de son hostilité au christianisme naissant. Il est clair que nous aurions trouvé des traces de ces événements fantastiques dans les polémiques antichrétiennes comme dans la vie politique de l'Empire romain.

C'est vrai, le texte d'un historien contemporain de cette période, qui a été opportunément retrouvé par Leigh, Baigent et Lincoln, fait état d'une démarche collective des descendants de Jésus, les *desposunoi* en grec, c'est-à-dire les cousins du Seigneur, qui seraient venus demander une place particulière au sein de l'Eglise, après qu'elle fut devenue religion d'Etat de l'Empire romain. Ils auraient été déboutés. Il devait aussi y avoir au sein du christianisme romain des personnes qui se prétendaient les descendants de Jésus, exactement comme dans l'islam certains se réclament d'une descendance de Mahomet. A ceci près que, par *desposunoi*, par « cousins », on entend beaucoup de monde, peut-être des enfants de Jacques, peut-être des enfants des cousins et des frères de Jésus, peut-être également des familles liées aux premiers apôtres, par des alliances dynastiques et matrimoniales. Que les descendants de ces unions aient été fiers du rôle joué par leurs ancêtres, cela n'a rien d'impossible. En revanche, il est intéressant qu'on leur ait refusé tout rôle particulier dans l'administration d'une Eglise qui entendait tourner le dos à ses racines historiques juives, pour devenir sans cesse davantage universelle.

En somme, l'hypothèse selon laquelle nous aurions dans le Razès soit le tombeau de Jésus soit le tombeau de ses enfants installés à Rennes-le-Château, et que ce terrible secret aurait été partagé par les Templiers, puis quelques sociétés secrètes ultérieures, nous semble purement et simplement absurde.

Rappelons enfin que dans la loi juive, on n'a pas le droit de déterrer un cadavre et de le transporter ailleurs sans raison impérieuse. Or, si le corps de Jésus a quitté son tombeau de Jérusalem, il est certain que la cérémonie d'inhumation a eu lieu et restait contraignante pour un juif pieux. Il est peu vraisemblable qu'on ait transporté son corps.

Mais tout est-il mythique ? Non, certainement pas. Par exemple, Nostradamus, le mage de Salon-de-Provence, qui provient d'une famille juive qui vivait également dans le Razès, évoque l'« énigme du Grand Romain ». On voit dans ses textes que cette énigme concerne un personnage très proche géographiquement, probablement ce compagnon de César dont on retrouve la trace à l'origine de la ville nouvelle de Glanum à Saint-Rémi-les-Antiques et qui aurait joué un rôle secret important dans l'histoire de l'époque. Ce mystère selon Nostradamus, qu'on n'avait pas encore élucidé, pourrait être à la naissance du christianisme dans le midi de la France.

Il est aussi imaginable que le christianisme ait bénéficié de l'appui relativement favorable soit d'Hérode Agrippa, expiant la cruauté de Salomé envers le Baptiste; ou bien de ce personnage de Glanum qui pourrait être un compagnon proche de César, pourquoi pas un fils de l'un de ses compagnons juifs, qui l'ont aidé à conquérir l'Egypte? Pourquoi pas un cousin d'Hérode? Pourquoi n'y aurait-il pas une protection particulière assurée par des éléments de la dynastie hérodienne, et qui expliquerait certains événements que l'on devrait taire? Il est également vrai qu'un personnage d'exception comme Césaire d'Arles, l'archevêque de la ville au Ve siècle, était le protecteur attitré des juifs de sa région, et que juifs et chrétiens l'ont accompagné chacun avec leurs hymnes à son tombeau, dans une cérémonie plus qu'œcuménique.

Tous ces restes d'un monde disparu ont peut-être permis de développer et d'amplifier une légende liée aux origines de la chrétienté dans cette région du Midi, de part et d'autre de la vallée du Rhône. Peut-être y a-t-il eu reprise de ces éléments dans des traditions plus récentes, par René d'Anjou et ses protégés, par exemple.

De là à imaginer que les secrets du Midi aient

été liés peu ou prou à la filiation de Jésus, c'est un évident *salto mortale*. Le plus vraisemblable, c'est que Jésus était déjà mort lorsque Marie-Madeleine est arrivée en Gaule, qu'elle n'avait pas été à proprement parler son épouse, qu'il n'y avait pas d'enfant, que ce sont là un certain nombre de mythologies apparues récemment et qui ont été diffusées autour du Prieuré de Sion, c'est-à-dire de Plantard, par des esprits imaginatifs comme Robert Ambelain.

En revanche, il y a bien un mystère qui concerne cette région du sud de la France. C'est celui du trésor de Jérusalem. Là, nous sommes sur un terrain sinon plus solide, en tout cas plus argumenté. De quoi s'agit-il ?

Ce trésor se trouvait dans le caveau du second Temple de Jérusalem, construit à partir du retour des juifs de Babylone, au VIe siècle avant Jésus-Christ, et qui aura été conservé jusqu'à sa prise par les Romains de l'empereur Vespasien et de son fils Titus, en 70 après Jésus-Christ. On sait qu'un grand nombre d'objets ont été rapportés en triomphe à Rome, et notamment la célèbre Ménorah, le chandelier à sept branches, qui figurait sur l'estrade du Saint des Saints du Temple. Cette Ménorah est portée à bout de bras par des légionnaires lors du triomphe de Vespasien de 72 à Rome, et figure sur l'arc de Titus du forum romain, en souvenir de ce moment de gloire du jeune empereur, qui allait être emporté par la maladie, un an après l'éruption de Pompéi.

Qu'est devenue par la suite la Ménorah ? Que sont devenus les pains de proposition posés sur une table en or ainsi que la vaisselle en or pur ? Que sont devenus un certain nombre d'objets qui ornaient l'intérieur du grand Temple et qui reproduisaient certaines décorations perdues du premier Temple, après sa destruction par Nabuchodonosor ? On sait qu'il arrivait aux Romains de fondre tous les trésors. On sait que ce ne fut pas le cas de tous les trophées que les Romains acquirent au détriment de leurs adversaires. Mais on ne sait pas ce qu'est devenu ce trésor de Jérusalem dès lors qu'en 410, le roi des Wisigoths Alaric, après avoir franchi le Rhin, fut arrivé jusqu'à Rome et eut pillé les réserves d'objets d'art et d'or qui étaient conservés à l'Aérium de l'Etat, c'est-à-dire au trésor de l'Etat, installé au Capitole.

On sait simplement qu'Alaric est reparti avec son butin. Il a continué à écumer les côtes méditerranéennes et il est mort dans ce qui est aujourd'hui l'Espagne, avec beaucoup d'argent et beaucoup de guerriers. Une fois Alaric mort, on l'a enterré dans une montagne isolée. Est-ce la « montagne d'Alaric », bien connue des Audois qui cheminent dans la trouée qui conduit aujourd'hui de Carcassonne à Narbonne ? On ne sait pas où se trouve ce tombeau, mais on imagine que, selon la tradition germanique, Alaric a été enterré avec ses trésors. Si tel est le cas – c'est une des hypothèses qui a fait couler le plus d'encre – peut-être a-t-on utilisé les grottes ou les régions difficiles d'accès du sud du département de l'Aude, les Corbières, pour y entreposer les objets véritablement précieux. Nous avons le témoignage peu douteux de l'historien byzantin Procope de Césarée selon lequel le trésor de Jérusalem serait resté entre les mains des Wisigoths, même après leur défaite.

La Ménorah intacte et un certain nombre d'objets en or massif du second Temple auraient trouvé refuge quelque part entre l'Aude et l'Ariège – objets dont la possession a fait rêver tout le Moyen Age, ainsi que les sociétés secrètes, mais ultérieurement. Il n'est pas impossible qu'on retrouve un jour des traces de ce trésor. Encore qu'il y ait de grandes chances que, dans les violences qui ont accompagné tout le règne wisigoth, une partie de ces objets ait pu être dispersée, ou fondue.

Toutefois, nous devons à l'exactitude historiographique de rappeler que le grand érudit Sylvain Joffus, archiviste départemental de l'Aude à la fin du XIXe siècle, était persuadé, par l'examen des traditions locales, que la Ménorah avait bien séjourné à Carcassonne pendant la période wisigothique. Joffus, dont l'érudition a été très considérée, pensait en outre que la Menorah demeurait cachée dans l'Aude. Maurice Leblanc fait lui aussi explicitement allusion à la Menorah. Enfin, on prétend, rapport des services secrets à l'appui, que de mystérieux chercheurs israéliens, en réalité le Mossad, auraient écumé la région au début des années 1970.

S'il ne s'agit que de cela, quelle conclusion décevante par rapport à la vision mondiale historiquement improuvable qui est celle du mystère de Rennes-le-Château ! Même un trésor comme celui du Temple de Jérusalem demeure un trésor matériel, fascinant pour les collectionneurs, intéressant pour les historiens, indifférent pour la majorité des hommes en quête de vérité.

Où l'on voit apparaître le Roi des juifs

Il y a bien un mystère dans ces terres du Midi. Il n'est pas lié aux origines du christianisme en Gaule. Il y a bien des légendes dont il faudra, à un moment ou à un autre, faire le deuil ou accepter qu'elles n'aient qu'un modeste contenu de vérité. Mon sentiment, c'est que l'histoire de Marie-Madeleine et de sa fin dans un ermitage de la Gaule romaine, qui commence tout juste à s'éveiller à la parole venue d'Orient, est une histoire vraie. Mais je doute que l'on trouve un jour des documents irréfutables, en tout cas quelque chose qui affermisse une conviction d'historien.

Quoi qu'il en soit de Marie-Madeleine, quoi qu'il en soit des enfants d'Hérode Agrippa, quoi qu'il en soit des cousins d'Hérode qui ont pu être des généraux de l'armée romaine protégés à Glanum, quoi qu'il en soit de ces légendes nombreuses du Midi français, elles n'ont aucun rôle dans la genèse du trésor de Rennes-le-Château. Elles n'ont aucun rôle véridique dans cette histoire qui n'est pas aussi ancienne qu'on le pense, et qui surtout ne s'est pas transmise d'une manière aussi directe.

Ce qui existe, en revanche, et n'est pas moins mystérieux, c'est le « Roi des juifs », c'est-à-dire un personnage dont l'existence apparaît pour la première fois sous le règne de Charlemagne, mais qui lui est quelque peu antérieur. Ce Roi des juifs est bel et bien domicilié à Narbonne, à quelques kilomètres des Corbières et de cette région fascinante d'Alet et de Rennes-le-Château.

Un archiviste paléographe de la fin du XIXe siècle, François Rénier, a exhumé un certain nombre de parchemins carolingiens connus, qui font allusion à ce Roi des juifs de Narbonne, au rôle qu'il a pu remplir, à la protection dont il bénéficiait de la part des empereurs d'Occident, de Charlemagne et de son fils Louis le Pieux en particulier. Le rôle de ce Roi des juifs n'est pas très clair. S'agit-il d'un véritable monarque ?

Les historiens aujourd'hui ne le pensent pas. Ils pensent qu'il s'agit plutôt du chef d'une institution carolingienne qui faisait de ce Roi des juifs le chef de toutes les communautés juives de la diaspora situées dans l'Occident romain, dont Charlemagne venait peu ou prou d'assurer l'unification.

A la même époque existait dans le monde musulman un califat qui s'était donné comme interlocuteur unique de toutes les communautés juives placées sous son autorité l'Exilarque, le chef de l'Exil, *Méor ha Gola*, en hébreu la « lumière de l'Exil », en tout cas le plus haut dignitaire non musulman de l'Empire musulman. Cet Exilarque participait à toutes les cérémonies officielles du califat abbasside à Bagdad. Or, c'est Charlemagne qui, grâce à des marchands juifs à son service, était parvenu à établir le contact avec le calife abbasside Haroun al-Rachid, qui est par ailleurs le héros des *Mille et Une Nuits*. Le calife abbasside voulait, à l'époque de Cordoue, se débarrasser de son rival, le calife omeyyade, qui avait prétendu maintenir la continuité dynastique du premier califat dans la seule Espagne musulmane, alors attaquée par Charlemagne.

« Les ennemis de mes ennemis sont mes amis », cet axiome est connu de tous, et il est évident que Charlemagne et Haroun al-Rachid ont aussi parlé par leurs intermédiaires des moyens de se partager l'Espagne, au détriment des Omeyyades de Cordoue ou de leurs prétendus survivants. Les Occidentaux ont appris des choses capitales de ce monde arabe qui était à l'époque le cœur incontesté de la civilisation. Pour le traitement des communautés juives de l'Empire restauré, en particulier, il n'est nullement exclu que c'est en s'inspirant du modèle musulman que la dynastie carolingienne ait créé un « Roi des juifs » qui n'existait pas jusqu'alors.

On n'entend plus parler de ce Roi des juifs après l'an 1000, jusqu'à ce que soudain, il réapparaisse dans une seule allusion : « le Roi des juifs, dont la résidence serait à Rouen, en Normandie » – depuis on sait que les fouilles effectuées à Rouen ont mis au jour un complexe religieux juif important, ce qui tend à nous faire penser qu'il y a bien eu un Roi des juifs à Rouen, placé sous la protection de Guillaume le Conquérant et de ses successeurs directs, les Plantagenêt.

Le rôle que pouvait jouer ce Roi des juifs est discuté. Il était le chef du tribunal rabbinique suprême pour toute une région de l'Europe. Sans doute la fragmentation progressive de cette Europe a-t-elle fait disparaître son rôle et sa fonction. Son repli à Rouen a été le signe d'une résignation des juifs à suivre les ducs de Normandie, qui avaient marqué l'intention de les protéger, pour des raisons encore inconnues.

S'il y a un personnage mystérieux à cette époque-là dans la région, c'est bien ce Roi des juifs dont on ignore presque tout. On sait également que la dynastie carolingienne fut favorable aux juifs à cette époque ; qu'un des proches de l'empereur Louis le Pieux, le comte Bodo, finit par se réfugier en Espagne musulmane pour y embrasser le judaïsme ; à moins que, converti de fraîche date, il n'y fit retour ; on sait que, sous le même règne de l'empereur Louis, l'archevêque de Lyon Agobard, dans son pamphlet *Contra judaeos*, « Contre les juifs », montre la place exagérée qu'ils ont, selon lui, dans les rouages du pouvoir politique et social de son époque.

C'est ici que nous arrivons à un véritable mystère historique. Un certain nombre de récits de l'époque carolingienne concordent pour dire qu'il a existé à l'époque de Charlemagne une catégorie de chevaliers juifs, qui ont participé à toutes les guerres de Charlemagne contre les Sarrasins, franchissant les Pyrénées avec lui, se battant pour l'intégrité de l'Empire et récompensés par Charlemagne.

De ce fait et de l'existence du Roi des juifs, on peut tirer un certain nombre de conclusions. Les juifs de l'Empire carolingien n'étaient plus soumis à la moindre interdiction professionnelle. Ils se battaient. Ils possédaient des chevaux et des armes. Ils avaient à leur tête de véritables chevaliers, et ils avaient certainement obtenu des parts de butin lorsque l'ennemi commun musulman eut été vaincu. Pourquoi ne restait-il rien de cette présence juive, qui ne fait historiquement plus de doute, et qui s'est déjà effacée complètement en l'an 1000 ? La réponse est assez simple : c'est qu'une partie de cette chevalerie assimilée au pouvoir politique aura choisi le baptême en une ou deux générations, comme le feront ses successeurs lointains, les élites juives de l'Espagne du XVe siècle.

Il n'empêche que la question d'un royaume juif dans la France féodale est posée, et un érudit américain, le professeur Zuckermann, en examinant des textes juifs traditionnels du Moyen Age ibérique, est arrivé à la conclusion que ce royaume juif a bel et bien existé, qu'il est consécutif à la résistance que les juifs ont opposée aux invasions musulmanes dans la région du Languedoc actuel, et à l'alliance qu'ils passèrent dès ce moment-là avec la maison carolingienne.

Sommes-nous loin de toutes nos affaires de Rennes-le-Château? Pas tant que cela. Car s'il a bel et bien existé une sorte de principauté juive, vassale de l'Empire carolingien, il faut bien que cette principauté ait laissé des noms dans l'Histoire. Or, des textes juifs découverts en Espagne parlent de personnages aux noms hébreux, comme Makir, qui auraient joué un grand rôle auprès de Charlemagne. On en arrive à la certitude qu'un accord politique s'est fait entre la dynastie carolingienne et ses sujets juifs autour de la fondation d'un Exilarque, un chef de l'exil, qui reprenait plus ou moins à son compte, avec un peu de prudence, certaines des fonctions qui avaient été celles du grand prêtre au Temple de Jérusalem, avant sa destruction.

Comment une réalité si prestigieuse a-t-elle pu passer inaperçue par la suite? La réponse est très simple. Comme souvent au Moyen Age, par le travestissement. On sait que l'un des preux les plus remarquables de Charlemagne était Guilhem de Gellone, un seigneur du midi de la France qui a accompagné Charlemagne dans toutes ses batailles et qui reste un personnage légendaire. Dans les traditions ultérieures, Guilhem de Gellone est même censé avoir abandonné la vie guerrière pour fonder un monastère, le grand monastère de Saint-Guilhem-le-Désert, dans l'ancien village de Gellone, non loin de Montpellier, et s'être consacré pour la fin de sa vie à des œuvres pieuses, qui lui vaudront la canonisation.

A ceci près que l'école de Gellone semble avoir d'abord correspondu à une école rabbinique dont Zuckermann a exhumé les traces écrites, avant d'être un monastère, et qu'on y trouve toujours des choses fort étranges. Ainsi, la porte qui ouvre sur le monastère de Saint-Guilhem porte le nom de « Guimel » en français. C'est la lettre hébraïque utilisée pour le G, l'initiale de Guilhem précisément. On trouve une allusion à un certain Guilhem dans les carnets de Bérenger Saunière. Plutôt que d'aller chercher dans la direction de Jésus, ne devrait-on pas plutôt regarder de ce côté-là, incomparablement plus modeste, et essayer de comprendre le rôle qu'a pu avoir cette imprégnation judaïsante de la chrétienté carolingienne ?

Au demeurant, n'est-ce pas la dynastie carolingienne qui a émancipé les juifs de toutes contraintes, même des contraintes légères qu'ils subissaient en Espagne musulmane ? N'est-ce pas cette politique carolingienne qui a créé la première rencontre entre le judaïsme et le christianisme, aux origines même de l'Occident européen ? Cette question, qui est aussi la question de la véritable identité de Guilhem de Gellone, peut être posée autrement : y a-t-il à ce moment-là une trace de l'émancipation des juifs autre que les vitupérations de l'archevêque Agobard de Lyon, qui la déplore de tout son cœur, et notamment une trace culturelle présente dans les textes et dans les mœurs ?

Là encore, la réponse est positive. C'est entre l'avènement de Charlemagne en l'an 800 et l'an 1000 que commence un développement intellectuel inattendu, celui d'une nouvelle pensée juive, non plus fondée sur le commentaire de la Torah – le Talmud –, mais sur une élaboration mystique qui ne se présente que comme un commentaire de textes déjà existants, alors qu'elle innove en totalité par rapport à la pensée juive traditionnelle et présente une image du monde qui va bouleverser bien des certitudes.

Cette tradition, c'est la kabbale. Les premiers textes de la kabbale – qui sont à disposition des étudiants dans le monde européen, même s'ils ne sont encore que des manuscrits difficiles d'accès – sont produits dans le sud de la France et notamment par une académie rabbinique importante qui s'installe dans le petit village de Posquières, lequel deviendra par la suite « Vauvert ». C'est là que les premiers grands kabbalistes, tous juifs français, donnent existence à des œuvres qui vont révolutionner la conception même que le judaïsme a pu projeter sur le monde. Ces œuvres sont rédigées par des hommes nés en Occident, Abraham de Posquières et Isaac l'Aveugle qui, même s'ils se présentent comme les continuateurs des talmudistes de l'Orient babylonien, introduisent des éléments nouveaux par rapport à la tradition mystique du judaïsme classique.

Ajoutons à notre perplexité qu'il y a toujours eu dans cette affaire de Rennes-le-Château un centre principal rayonnant, et un centre secondaire beaucoup plus obscur. Le centre principal se situe dans l'Aude ; le centre secondaire autour de Gisors en Normandie. C'est à Gisors que Gérard de Sède a vent pour la première fois d'un trésor des Templiers. C'est là aussi que Plantard entre pour la première fois en action. Bien entendu, je n'ai jamais cru que les choses fussent aussi faciles que les ésotéristes inspirateurs de Leblanc nous les décrivent complaisamment, avec leurs filiations purement seigneuriales.

Je pense que des liens d'analogie existent entre la diffusion de la kabbale, l'existence d'une principauté juive qui ne s'éteint que progressivement à la fin des temps carolingiens et le mystère de Rennes-le-Château – des liens ténus, mais des liens réels, ancrés dans le double parallèle Rennes-Gisors et Alet-Rouen.

Résumons-nous : l'Empire carolingien est le premier à avoir expérimenté une liberté complète pour ses sujets juifs, dont certains avaient accédé à un statut de noblesse.

Le premier Roi des juifs peut très bien avoir été Guilhem de Gellone lui-même, qui apparaît à la fois comme un paladin féodal de Charlemagne et un personnage difficile à identifier que l'on peut assimiler à ses guerriers juifs, vu les régions où il a exercé ses talents. Par la suite, il sera canonisé par l'Eglise, peut-être pour mieux cacher le fait qu'il était membre de l'académie rabbinique d'outre-Pyrénées, dont Charlemagne avait sans doute autorisé la fondation sur le modèle des grandes académies de Bagdad, Sira et Pumbedita.

A partir de là, on voit essaimer, non loin de Gellone, des académies rabbiniques importantes, comme celle de Lunel dans l'Hérault et celle de Vauvert. Cette haute école donnera son nom à l'expression « au diable vauvert ». Le diable Vauvert, c'est là qu'on élabore la kabbale et son cortège de magie.

Les premiers grands livres de la kabbale, dont le *Bahir* ou *Livre de la clarté*, sont liés à cette micro-région. Par la suite, on ne sait pas grand-chose du Roi des juifs de Normandie, mais il est clair qu'il s'agit d'une tentative ultime de restaurer son autorité après que les événements qui se sont succédé en rafales eurent rendu impossible son maintien dans le midi de la France. Peut-être tout simplement de riches communautés juives du nord du pays avaient-elles subventionné l'expédition de Hastings de Guillaume le Conquérant en 1066, et avaient-elles obtenu, en échange, la promesse de reconstitution d'un Exilarque d'Occident ?

Notre problématique ici n'est pas chrétienne, mais juive. C'est probablement celle-là qui est en rapport le plus direct avec les mystères d'Alet. Il suffit de rentrer dans cette petite ville pour être frappé par sa cathédrale ornée de l'étoile de David, qui, au moment où elle a été construite, n'était pas encore le symbole du peuple juif, mais une figure kabbalistique et ésotérique. Si un tombeau doit être découvert dans cette région présentant une certaine importance, mais non sensationnelle, ce peut être aussi celui de Guilhem de Gellone, mis à l'abri des tentations annexionnistes de l'Eglise.

Ce ne sont pas là des secrets capitaux qui bouleverseraient notre conception du monde. On ne tue pas pour révéler que Guilhem de Gellone était en fait le juif Makir, compagnon de Charlemagne et fondateur d'une académie rabbinique. On peut interdire le souvenir de cette histoire, mais cela n'a pas la gravité de révélations sur la vie de Jésus-Christ.

En revanche, cette histoire revêt une certaine importance pour comprendre l'élaboration d'une culture particulière qui mêle le kabbalisme juif, le dialogue des religions, et qui commence à s'implanter à un moment où le Moyen Age européen s'ouvre au grand monde, la Renaissance du XIIe siècle, la période d'Abélard et de Raymond Lulle précisément, qui tous deux instaurent l'allégorie du dialogue à trois entre un musulman (soufi), un juif (kabbaliste) et un chrétien (johannique).

Où l'on sépare le vrai du faux...

Par un effet de « zoom arrière », nous avons exploré toute l'affaire en partant du *Da Vinci Code* de Dan Brown. Maintenant que nous avons accompli ce voyage jusqu'à l'époque de Jésus et de Marie-Madeleine, nous pourrions nous livrer à l'exercice inverse, en essayant de séparer ce qui est faux de ce qui est simplement douteux. De proche en proche, nous avancerons ainsi vers une compréhension qui ne soit pas embrumée par les mythologies et les controverses.

Dans son roman prémonitoire, *Le pendule de Foucault*, Umberto Eco évoquait les Templiers et les croisés, ainsi que les délires de plusieurs sectes s'affrontant dans des lieux parisiens désertés par la raison. Il n'a pas rencontré le même succès que Dan Brown et c'est dommage, car il représente un antidote rationaliste assez fort aux délires modernes.

Commençons par Jésus, Marie-Madeleine, par les liens de leurs familles et de leur entourage immédiat avec la Gaule romaine. Qu'y a-t-il de certain qui nous rapprocherait de la version Dan Brown ? Comme on l'a dit, Marie-Madeleine est une figure centrale de la première théologie chrétienne, plus ouverte au féminin, mais aussi de l'histoire réelle.

Il est hors de doute que saint Paul a imposé un infléchissement très net à la prédication de Jésus. Non seulement le Jésus historique, on le voit en particulier lors du Sermon sur la montagne, reste un juif croyant et même orthodoxe. Mais il est également saisi d'une vision prophétique immense – qui exsude des Evangiles et de tout le message chrétien –, celle d'une unification de l'humanité liée à l'approche des temps messianiques. Dans cette unification de l'humanité, il y a la mise sur un pied d'égalité des esclaves et des hommes libres, des juifs et des non-juifs, des pécheurs et des saints, mais aussi des femmes et des hommes, toutes choses qui n'étaient pas courantes dans la pensée juive de son temps.

A de nombreuses reprises dans les Evangiles, les femmes sont marquées par leur dévotion, leur générosité, leur intelligence, et l'on voit clairement que le Christ les rassemble autour de lui sans crainte, sans les barrières que la liturgie hébraïque imposait encore.

Quant à saint Paul, la dévalorisation qu'il opère dans son discours du corps de la femme, la dévalorisation de la vie sexuelle dont on ne trouve pas trace dans l'enseignement du Christ, lui appartiennent en propre et ont créé une théologie misogyne. Dans la période que nous traversons de rééquilibrage des rapports entre les sexes, de remise sur un piédestal du rôle des femmes, qui jusqu'à présent avaient été marginalisées de la vie publique et de la vie de l'esprit, il est naturel que l'image de Marie-Madeleine réapparaisse en pleine force, notamment dans la littérature. Marie-Madeleine n'est-elle pas le symbole de l'association étroite du féminin à la révélation chrétienne ?

On ne doit pas s'étonner du succès d'un livre dont Marie-Madeleine est l'héroïne, puisque son ultime descendante éveille des mouvements profonds d'identification dans l'esprit des lecteurs. Il n'est plus admis aujourd'hui que l'homme et la femme soient séparés par la religion, l'homme exerçant une sorte de monopole de la vérité à travers la prêtrise ; la femme pouvant certes donner des exemples de dévouement exceptionnels, comme l'ont fait les grandes saintes, de Hildegarde de Bingen jusqu'à mère Teresa en passant par Thérèse d'Avila. Mais l'épopée de ces femmes exceptionnelles s'accomplit dans le respect d'une séparation stricte entre les sexes, dont une majorité de croyants, chrétiens en particulier, réclament aujourd'hui le dépassement.

Or, l'Eglise catholique a changé de position sur le cas Marie-Madeleine. Elle n'est plus la pécheresse ou la prostituée longtemps évoquée. Marie-Madeleine se voit aujourd'hui attribuer une nature pécheresse qui, du point de vue théologique, est commune à tous les membres de l'humanité. Ce progrès théologique de l'Eglise ne va pas jusqu'à reconnaître que Marie-Madeleine joue un rôle central dans le milieu des apôtres ni qu'elle a été un apôtre féminin. C'est en ce sens que la découverte de Nag Hammadi a représenté un grand bouleversement, car les textes originaux bouleversent parfois les idées adjacentes que l'on avait pu se faire, notamment lorsque certaines allégations de ces originaux ont été censurées par l'Eglise, qui ne souhaitait leur faire aucune publicité.

Ainsi trouve-t-on dans l'Evangile de Philippe une allusion à des rapports virtuellement amoureux de Jésus et de Marie-Madeleine. Il est évident qu'il faut rester prudent, car l'Evangile de Philippe n'est pas lui-même parole d'Evangile. C'est une interprétation, par un groupe de chrétiens gnostiques égyptiens, d'événements survenus deux siècles et demi auparavant, et qui n'a pas plus de crédibilité intrinsèque que le texte des Evangiles accepté par les Eglises catholique, protestante et orthodoxe.

Oui, Jésus et Marie-Madeleine ont été beaucoup plus impliqués dans leur coopération spirituelle que l'Eglise médiévale ne l'a admis. De là à supposer que Jésus ait été uni à Marie-Madeleine par la chair, et qu'il ait été le père d'un ou de plusieurs enfants, dont la postérité serait présente dans les dynasties de l'Europe médiévale – là, nous approchons de l'absurde. Voilà qui clôt cette première interrogation à laquelle Dan Brown nous convie.

Or, des calomnies antichrétiennes, il y en a beaucoup dans la littérature romaine, ainsi que dans le Talmud. Ces attaques souvent virulentes se sont conservées au fil des pages ou dans de petites notes, qui ont échappé à la vigilance des répressions, ou à celle des inquisiteurs s'agissant du Talmud. Chez certains rabbins de la fin de l'Antiquité, on impute la paternité de Jésus à un centurion du nom de Pandera, et le terme de Ben Pandera, fils de Pandera, est une sorte d'allusion sarcastique à Jésus, chez les juifs médiévaux encore. Pourquoi, dans ces conditions, ne pas avoir rappelé aux chrétiens détestés que Jésus avait été marié et avait conçu des enfants ? Or, cet argument, on ne le trouve ni sous la plume d'écrivains polémistes païens, ni sous la plume de polémistes juifs.

Si Jésus a été sans doute rabbin juif, peut-être a-t-il vécu avec Marie-Madeleine. Peut-être en a-t-il eu des enfants, mais personne ne peut le dire.

Il y a bien la venue de Marie-Madeleine en Gaule, qui appartient à la tradition religieuse catholique française, et il n'y a pas d'autre version qui court dans des textes plus ou moins postérieurs sur le destin de Marie-Madeleine. Elle aurait débarqué là où se trouvent aujourd'hui les Saintes-Maries-de-la-Mer, en

Camargue, et elle serait décédée bien plus tard dans un ermitage de haute Provence, la Sainte-Baume.

L'association de Marie-Madeleine à la Provence ne se borne pas à un épisode individuel. Elle se rattache aux destinées d'une bonne partie des judéo-chrétiens, qui ont été les premiers évangélisateurs de la Gaule. Il semble qu'éloignée de la Palestine par toute l'étendue de la Méditerranée, peu quadrillée encore par la police romaine, la Gaule ait constitué un refuge de choix pour les exilés juifs qui choisissent de quitter une Terre sainte mise à feu et à sang par les affrontements qui précèdent la grande guerre des juifs et la destruction du second Temple.

Le mouvement ne fait que s'amplifier par la suite. Mais déjà à cette époque initiale, un des fils d'Hérode, le tétrarque Agrippa, est installé à Vienne. Sans doute, lors de la fondation de Nîmes, de nombreux soldats juifs des légions de César trouvent-ils à s'installer et à devenir agriculteurs dans la région. On découvrira à Narbonne le premier sarcophage juif marqué d'une inscription en langue latine dès le IIIe siècle. Il appartenait à un certain Justus.

Il y a dans cette période gallo-romaine une

imprégnation réciproque de christianisme, de judaïsme et de la latinité païenne qui a pour théâtre géographique cette région qui s'étend des Pyrénées à la rive gauche du Rhône, qui est connue à partir du Moyen Age sous le nom de Languedoc.

C'est incontestable, nous avons là un croisement de légendes successives et assez judaïsantes de la vie de Jésus, qui expliquerait le climat moral particulier de cette région. Y a-t-il parmi ces traditions des récits concernant le mariage de Jésus ou sa postérité ? C'est peu probable. L'idée que certains aient pu maintenir une telle histoire dans le secret de leur cœur pendant des siècles et des siècles, pour finir par la transmettre aux Templiers ou aux cathares qui l'auraient précieusement conservée dans le silence, est une pure vue de l'esprit.

Voici à présent le troisième point sur lequel nous achoppons : y a-t-il eu après l'Antiquité maintien de traditions qui n'étaient pas compatibles avec l'enseignement de l'Eglise, à l'intérieur de celle-ci sous une forme dissimulée ou en dehors de celle-ci sous une forme ouverte, et notamment dans la France du Sud ? De cela, nous n'avons aucune idée. En revanche, le professeur Zuckermann, de l'université de New York, a établi ceci : une tradition juive constante parle de l'érection d'un royaume juif avec des guerriers juifs de Charlemagne qui ont joué un grand rôle historique dans la lutte contre la conquête islamique. C'est ici que naît notre histoire de Rennes-le-Château, non pas de l'Antiquité lointaine, mais de ce royaume juif plus récent qui remonte au IXe siècle, aux grandes heures de la Renaissance carolingienne.

La résistance au christianisme orthodoxe

Y a-t-il eu à proprement parler un royaume juif en Gaule à l'époque de Charlemagne? La réponse est non. Il n'y a jamais eu un véritable domaine territorial réservé aux juifs d'Occident, que Charlemagne ou son fils Louis le Pieux aurait conféré à certains de leurs paladins d'origine juive ou pratiquant le judaïsme.

En revanche, il y a eu des guerriers juifs de Charlemagne qui ont combattu les Sarrasins à ses côtés. C'est un fait d'autant plus notable que les juifs espagnols avaient au départ fait bon accueil à l'invasion islamique dans laquelle ils voyaient une force libératrice des oppressions que les Wisigoths leur avaient fait subir. Après leur conversion au catholicisme, les Wisigoths avaient été fort hostiles aux juifs avec le roi Reccaride, tandis que les Francs avaient toujours manifesté une grande tolérance, et cette tolérance était allée jusqu'à des alliances politiques dans une région de population juive assez dense telle que la région de Narbonne.

Or, c'est à Narbonne qu'émerge le premier Roi des juifs; c'est de Narbonne que partent un certain nombre de migrants pour établir dans les montagnes des Corbières et dans la vallée de l'Aude cette ville d'Electum, « la ville du peuple élu », aujourd'hui Alet, qui est au cœur de l'affaire de Rennes-le-Château. Et c'est dans cette région encore que se constitue le domaine de Guilhem de Gellone. Le professeur Zuckermann, toujours lui, est arrivé à montrer que Guilhem de Gellone et le Makir des textes juifs rédigés un peu plus tard, en Espagne, ne sont qu'une seule et même personne. C'est lui le preux chevalier qui se met au service de Charlemagne, réussit lors de la bataille des Alyscans, en face d'Avignon, à vaincre les envahisseurs musulmans, puis à les refouler au-delà des Pyrénées. A la fin de son règne, Charlemagne entrera grâce à lui dans Barcelone et formera cette « marche d'Espagne » qui sera bientôt la

Catalogne. Bref, dans cette période, il y a eu une contribution juive importante aux conquêtes essentiellement défensives de Charlemagne face à l'expansion musulmane.

C'est de cette période que date l'imprégnation de la cour de Charlemagne par des idées judaïsantes. En ce qui concerne Guilhem de Gellone, il s'agirait plutôt du processus inverse : évolution vers une forme de judéo-christianisme puis conversion de ses descendants directs. En tout cas, les origines juives de Guilhem de Gellone ont été toujours soigneusement tues par l'Eglise. La controverse sur cet homme ne fait que commencer. Elle ne concerne que les érudits mais elle nous conduit à une conclusion surprenante : il est évident que cette période-là joue un rôle fondateur dans l'histoire de Rennes-le-Château. C'est là que des mutations culturelles commencent à s'opérer, en particulier par l'entrée de traditions ou de versions juives de l'histoire dans l'aristocratie du Sud-Ouest, et en particulier à la cour de Raymond VII de Toulouse. Raymond était une sorte de prince presque indépendant. Il était au début des croisades le plus grand souverain territorial de l'Europe occidentale et jouissait d'une autorité quasiment indiscutée sur tout le Sud-Ouest français, loin du pouvoir royal sis à Paris.

C'est à ce moment-là que le mélange de traditions et de résistance latente au christianisme orthodoxe fut propice à la naissance de l'amour courtois, de la poésie des troubadours et bientôt, probablement importé depuis Byzance et l'Italie, du credo cathare. Cette région de la France est restée mal-pensante du début à la fin, de Guilhem de Gellone à Raymond VII de Toulouse, sans oublier Jean Jaurès. C'est ainsi que, judaïsante au tout début des temps mérovingiens, elle va devenir cathare, puis manifester quelques sympathies pour les Templiers persécutés, pour finir dans certaines de ses zones, mais pas dans toutes, par adopter un protestantisme revendicatif, lequel s'exprimera, dans sa puissante noblesse, avec la révolte des camisards au XVIIe siècle. La relève de ces contestations à l'intérieur de la religion sera prise ensuite par l'irréligion, le laïcisme et même l'anticléricalisme, ciment idéologique des populations du Sud-Ouest depuis lors.

Nous avons là la naissance d'une saga régionale dont certains épisodes ont dû donner lieu à des écritures ou à des réécritures légendaires. Y a-t-il dans cette période marquée par l'action de Guilhem de Gellone et ses successeurs une tradition littéraire qui aurait pu faire source ? Il y en a en effet une, mais ce n'est pas nécessairement une tradition littéraire en langue latine ou en langue provençale ; c'est une tradition littéraire en langue hébraïque. Toujours d'après Zuckermann, un peu après l'instauration de la fonction de Roi des juifs à Narbonne, à la charnière des VIIIe et IXe siècles, la kabbale se développe, c'est-à-dire une théosophie juive originale qui présente comme des révélations traditionnelles une nouvelle histoire de l'enfantement du monde et une nouvelle métaphysique du rapport de l'homme avec le monde.

Bien entendu, les intrusions kabbalistiques dans l'histoire du Sud-Ouest ne se manifestent pas d'emblée par une littérature commune franco-hébraïque. Il faudra attendre au XIIIe siècle Raymond Lulle, philosophe et alchimiste catalan, installé à Majorque, très proche de l'ordre du Temple, pour voir émerger une sorte de synthèse entre kabbale juive et nouvelle philosophie chrétienne templière.

Mais à l'époque, ces idées n'ont pas eu un grand impact sur la pensée et l'organisation proprement politiques de leur temps, sinon que des hommes comme Raymond VII de Toulouse et ses descendants ont toujours manifesté une faveur particulière pour leurs sujets juifs. On trouve en particulier dans la région de Carcassonne et d'Alet, et c'est le seul cas dans l'Occident médiéval, une véritable noblesse juive qui administre des baillages et qui reçoit des dîmes de ses paysans, exactement comme la noblesse chrétienne. Voilà qui est contraire à la jurisprudence établie par le pape : les juifs ne peuvent ni posséder de la terre ni revêtir des titres nobiliaires. Il faudra attendre les Lumières pour que réapparaisse une noblesse juive terrienne non convertie, en Autriche, et encore avec quelles réticences.

Mais qu'y a-t-il qui puisse nous faire penser que tout ceci est en rapport avec un trésor ou avec un tombeau ? Non pas le tombeau de Jésus, dont l'existence n'a jamais été attestée nulle part, pas davantage que l'hypothétique survie de Jésus après la crucifixion ne l'aurait conduit avec Marie-Madeleine dans cette direction. Mais peut-être bien le tombeau d'un personnage qui a eu son importance, le roi des Wisigoths, Alaric.

Alaric, qui franchit le Rhin au début du

Ve siècle, et qui va être le fossoyeur du pouvoir romain, fut l'organisateur du pillage de Rome. La ville se survivra encore quelques décennies comme capitale de l'Occident, mais l'estocade est donnée. Or, nous savons qu'Alaric a pillé en totalité le trésor de Rome et que, dans ce trésor, il se trouvait un certain nombre d'objets eux-mêmes saisis à Jérusalem par l'empereur Titus, à la fin de la guerre des juifs.

Nous revenons là à une hypothèse intéressante : dans cette région de France, Alaric, le roi des Wisigoths, se serait fait enterrer, et aurait garni sa tombe des objets les plus importants qui lui étaient tombés sous la main au gré de ses pillages. Parmi ceux-ci, des objets authentiques provenant du Temple de Jérusalem, mais évidemment pas l'Arche d'alliance, qui a disparu non pas du second, mais du premier Temple.

Cette hypothèse est recevable. Elle est d'autant plus intéressante qu'elle ferait de la découverte de Bérenger Saunière ou de certains de ses prédécesseurs, non pas la découverte d'un immense secret symbolique, mais l'exhumation bien matérielle de trésors d'or et d'argent. Peut-être est-ce Guilhem de Gellone qui, par une sorte de piété juive discrète mais vive, a voulu retrouver les traces d'Alaric et de ses pillages, puis le lieu où les successeurs wisigoths d'Alaric auraient pu transporter leur trésor après le siège de Carcassonne ?

Mais ce sont-là de pures hypothèses dont rien ne peut nous assurer de la véracité historique. De certitude, nous n'en avons aucune, sinon qu'une série d'événements liés à cette région a excité la curiosité d'un certain nombre de princes de l'Eglise. C'est ce qui explique les fouilles fiévreuses dans cette région, et la formation d'un évêché dans la haute vallée de l'Aude, à quelques centaines de mètres de la commune de Rennes-le-Château et de son antique forteresse.

Résumons-nous : atmosphère judéo-chrétienne puis mal-pensante dans la région pendant les siècles cruciaux du Moyen Age ; abri donné à de nombreux hérétiques par les comtes de Toulouse et leurs voisins qui eux-mêmes descendent partiellement de Guilhem de Gellone, paladin de Charlemagne ; forte implantation d'académies de savoir juif, essentiellement kabbalistique, toujours dans la même région. Voilà qui nous met sur une voie intéressante pour l'affaire de Rennes-le-Château.

Le trésor de l'abbé Saunière, est-ce le trésor

des Wisigoths, donc celui de Jérusalem ? Il est incontestable que Bérenger Saunière a trouvé des médailles wisigothiques lors des premières fouilles de son église. Mais le trésor n'a pas pu être aussi important qu'on l'imagine, ainsi que l'épisode du vase de Soissons nous le rappelle : les rois barbares de la basse Antiquité et du haut Moyen Age étaient obligés de partager une grande part de leur butin avec leurs soldats. Il n'y avait donc pas de grandes accumulations qui pouvaient se réaliser. Si ce trésor a existé, il a été consommé depuis bien longtemps, transformé, bouleversé.

Par la suite, les cathares prendront racine, protégés par les comtes de Toulouse, qui protègent également les juifs. Après la guerre proclamée par Rome contre l'hérésie cathare, relayée par la France de saint Louis et un grand nombre de chevaliers anglais de langue française qui dominent à cette époque la vie politique de l'Angleterre, une croisade s'abat sur ce Sud prospère, détruit en profondeur sa civilisation matérielle, spolie sa vieille noblesse malpensante, massacre les fidèles de la nouvelle religion cathare. Après le siège de Montségur, un petit groupe de cathares parvient à tromper la surveillance des chevaliers du Nord et à fuir avec un trésor. S'agit-il de papiers? S'agit-il uniquement de dépôt monétaire? La seconde hypothèse est la meilleure. Mais ce trésor court toujours et on prétend qu'il a été recueilli par des mains amies dans la région.

Nous avons donc ici deux trésors dont la réalité est établie : le trésor wisigothique et le trésor cathare. S'ils avaient été réunis à un moment donné dans de mêmes mains, il est certain qu'ils offraient à ceux qui le possédaient une puissance de frappe financière considérable, et donc une emprise sur la royauté dont on a peu idée.

Ce trésor hypothétique est à l'origine de beaucoup de rumeurs, de beaucoup de recherches... et de beaucoup de cupidité. Si le trésor d'Alaric est retrouvé dans la région, ce sera bien sûr un événement bouleversant. L'archéologue qui mettra la main sur ce trésor sera comparé à Howard Carter, qui a exhumé celui de Toutankhamon en Egypte, ou à Schliemann à Troie puis à Mycènes. Mais la découverte d'un trésor wisigothique ou cathare dans cette région n'a rien qui puisse étonner les Audois déjà blasés par tant de richesses et tant de mystères qui planent autour de leur si beau pays.

Bref, si vraiment Bérenger Saunière avait trouvé de l'or, des monnaies d'origine médiévale, il n'y aurait pas de quoi rédiger un livre comme celui de Dan Brown.

La vacuité du mythe templier

Nous avons commencé la déconstruction du récit de Dan Brown. Y a-t-il eu des traditions parallèles qui ont couru dans la région ? C'est possible. Y a-t-il eu une recherche éperdue du trésor de Jérusalem que le roi Alaric est censé avoir conservé par-devers lui ?

Si tombeau il y a, ne serait-il pas plus raisonnable de penser qu'il s'agit du tombeau d'Alaric, beaucoup plus que de celui de Jésus ou de son fils venu avec Marie-Madeleine ? Ne serait-il pas plus raisonnable d'imaginer que Guilhem de Gellone, s'il a découvert lui-même le trésor d'Alaric, a laissé derrière lui un tombeau ou un caveau dans lequel se retrouvent des trésors archéologiques ?

Voilà donc deux trésors qui ne peuvent qu'intéresser les curieux, mais aussi ceux qui sont en proie à cette fièvre si particulière qui n'a pas grand-chose à voir avec l'occultisme ni avec les théories sur l'origine de Jésus.

Nous voyons ici apparaître le second grand protagoniste de cette affaire : l'ordre des Templiers. La thèse de Dan Brown, mais surtout de ses prédécesseurs, c'est de faire des Templiers une conspiration depuis leur fondation au XIe siècle jusqu'à leur dissolution deux siècles plus tard, sous les coups de Philippe le Bel et de la papauté.

Il y a là encore une distillation à opérer. Les Templiers ne forment pas un complot antichrétien. Leur véritable fondateur, Bernard de Clairvaux, le plus important des abbés cisterciens, est le fondateur d'un humanisme théologique médiéval qui, de proche en proche, conduira à la *Somme théologique* de Thomas d'Aquin. A une certaine époque, les Templiers ont été proches des Dominicains. Ils ont toujours été un ordre à la fois militaire, politique et religieux qui s'efforçait de faire la synthèse des connaissances du temps et de mettre sa ferveur au service d'une ambition, celle du pape, afin de transformer la société européenne en une société chrétienne, laquelle serait elle-même la garante du maintien d'une présence chrétienne sur les Lieux saints.

Une mutation intervient dans la vie spirituelle des Templiers au deuxième siècle de leur histoire, au XIIIe siècle, lorsque l'empereur germanique Frédéric II reconquiert Jérusalem, non pas en s'affrontant aux puissances musulmanes, mais par la négociation, et lorsqu'un dialogue véritable s'instaure entre les Templiers en Terre sainte et un certain nombre de leurs adversaires musulmans. On a signalé l'importance d'un ordre religieux musulman, en fait chiite ismaélien, dirigé par le « Vieux de la montagne ». On pourrait aussi y ajouter les druzes, une secte elle aussi d'origine chiite ismaélienne, mais qui opère la synthèse d'éléments beaucoup plus judaïsants et iranisants. Les druzes se sont dégagés de l'islam tout en se déclarant musulmans quand il le faut. Ils ne le sont guère. Les druzes sont porteurs de traditions particulières à la Terre sainte qui ont beaucoup impressionné les Templiers, mais aussi ceux qui recherchaient leur trace.

Gérard de Nerval est allé à la recherche des traditions druzes lors de ses voyages au Liban, avec une idée derrière la tête. Cette idée était fondée sur la réalité effective de l'hétérodoxie templière. Cette hétérodoxie ne serait pas aussi marquée que le procès des Templiers a essayé de nous le faire croire. Il est peu vraisemblable que ces chevaliers du Christ aient connu des cérémonies initiatiques où il fallait cracher sur un crucifix ; peu vraisemblable que le secret de telles pratiques ait pu se maintenir pendant des années ; peu vraisemblable que les Templiers aient incarné, à l'intérieur de cette chrétienté inquiète du XIIIe siècle, une position aussi orthodoxe qu'ils le prétendaient face à leurs tortionnaires.

Ici peut-être, pourrait-on résumer l'hérésie templière en trois éléments. Il y a d'une part la recherche d'un dialogue soutenu avec l'islam, qui retrouve, dans le Midi occitan, le dialogue avec le judaïsme instauré, du moins depuis Raymond VII de Toulouse, où il est fait de l'idée d'une réconciliation des trois monothéismes un signe du retour du Christ. Ce thème apparaît d'emblée chez Abélard, qui est un adversaire de Bernard de Clairvaux.

Ensuite ces idées sont reçues chez Raymond Lulle, le grand alchimiste catalan qui est très proche de l'ordre du Temple, et enfin dans des manifestations picturales ou intellectuelles qui se poursuivent jusqu'à la dissolution de l'ordre du Temple.

Il y a incontestablement chez les Templiers une volonté de dialogue avec l'islam et une certitude moins affermie que le monothéisme chrétien soit capable de répondre seul aux angoisses et aux défis de l'humanité. A partir de cette doctrine qui affleure de temps à autre et qui devait être réservée à quelques élites et surtout répandue parmi les Templiers ayant vécu au Moyen-Orient, il se diffuse dans l'ordre du Temple une critique voilée des excès dogmatiques de la papauté et de son immoralité récurrente, qui fait que le grand maître de l'ordre du Temple et toute la hiérarchie templière se voient facilement dépositaires de l'avenir véritable de la chrétienté.

L'ordre chevaleresque se voit d'autant plus dépositaire de cet avenir de la chrétienté que, replié de Palestine et démilitarisé, le réseau des Templiers va devenir le premier réseau bancaire de l'Europe, que les Templiers vont développer formidablement les échanges maritimes grâce à des technologies nouvelles qui vont se déployer au service du Portugal, lorsque la branche locale de l'ordre du Temple sera devenue l'ordre des Chevaliers du Christ et fondera l'école des capitaines au long cours de Sagres, au service du roi Henri le Navigateur. S'y ajoute une aspiration à unifier, par-delà les frontières féodales des différentes principautés de l'époque, une grande partie des royaumes de l'Occident chrétien, en constituant pour commencer l'union de la France et de l'Angleterre, alors pays francophone, par le choix de ses élites.

Cet ensemble de raisons ne pouvait manquer d'attirer la foudre sur les Templiers. Celle-ci tombe. Les Templiers sont-ils pour autant détenteurs du secret de la famille de Jésus? Forment-ils une garde prétorienne autour de ces familles symbolisées par Godefroi de Bouillon et soudées entre elles par le mythe d'une origine mérovingienne en Lorraine et en Bourgogne – une généalogie de surcroît beaucoup plus christique que mérovingienne? C'est ce que certains auteurs à sensation n'hésitent pas à affirmer, mais en contournant un certain nombre de preuves du contraire.

Que la dévotion chrétienne des premières générations de Templiers soit immense est incontestable. Que jamais les Templiers n'aient donné l'occasion à des hérésies importantes de survivre dans leurs rangs est également incontestable. Les Templiers, par tolérance personnelle et alliance politique avec de grandes familles de la noblesse locale, ont peut-être aidé les cathares persécutés, mais ils n'ont jamais cédé à leur hérésie. Si on lit les textes d'inspiration templière, de Chrétien de Troyes à Wolfram von Eschenbach, qui tournent tous autour du Graal mystérieux, on remarquera davantage une fascination pour l'Ancien Testament, pour l'islam et pour la kabbale naissante que pour la religion iranienne manichéenne.

La chute du Temple est liée à des problèmes politiques, financiers et géopolitiques, bien davantage qu'à des problèmes théologiques. Néanmoins, la dissolution de l'ordre du Temple va avoir des effets sur toutes les régions de la chrétienté, et donner lieu à une poussée d'inquiétude religieuse qui trouvera à s'exprimer dans des sociétés de pensée. Voilà la conséquence positive. Mais faire de ces sociétés de pensée l'aboutissement logique de l'ordre du Temple est une falsification.

Dans leur majorité, les Templiers étaient analphabètes, bien qu'ils eussent dans leurs rangs ou à leur service de grands penseurs. Leur dernier grand maître, Jacques de Molay, n'a d'ailleurs pas signé sa déposition, pour cette triste raison. C'étaient des moines soldats, dont les activités chevaleresques étaient admirées par tout l'Occident européen, mais dont la contribution intellectuelle demeurait modeste, malgré quelques écrivains et théologiens sympathisants, Raymond Lulle, Chrétien de Troyes et quelques autres.

Avec la dissolution de l'ordre du Temple, il n'y a donc pas un « mortel secret », comme Robert Ambelain l'a habilement désigné, qui aurait échappé à un ordre reconnu par Rome. Il y a tout simplement une crise politique qui engendre une crise morale et qui, dans un climat de scepticisme religieux croissant, attribue rétrospectivement à l'ordre du Temple des positions anticatholiques et antiromaines... qu'il n'avait jamais véritablement eues. Il y a des idées hétérodoxes bien avant que le Temple n'ait atteint son apogée. Et il est des idées hétérodoxes que le Temple n'a jamais conçues.

Comment peut-on réconcilier ces éléments ? En affirmant que le Temple est un phénomène de l'histoire médiévale, traversé de contradictions; qu'il a évolué vers une certaine malpensance, mais que celle-ci n'était rien en comparaison du défi matériel et politique qu'il impliquait pour le roi de France et le pape. Bien entendu, la chute du Temple n'aurait pas été concevable sans cet affrontement politique dont les fidèles, notamment les prêtres soldats revenus de Terre sainte ou repliés dans les grands monastères de l'Occident, n'étaient pas conscients.

Là où il y a eu imprégnation templière, y a-t-il eu développement de sociétés secrètes, de messages plus ou moins codés, de contestation de la vérité des enseignements de l'Eglise ? Non. Au Portugal, où la totalité des Templiers a été préservée par la monarchie, les Chevaliers du Christ n'ont jamais posé le moindre problème d'hétérodoxie, ni à l'Eglise portugaise ni aux rois du Portugal. En revanche, leur apport a été décisif dans le domaine de la navigation sur longue distance.

En Ecosse, où certains chevaliers du Temple se sont réfugiés, on ne constate pas non plus l'émergence de sociétés secrètes. Il est vrai qu'en Ecosse se réalise, sans doute pour la première fois, l'amalgame entre des confréries de tailleurs de pierre, elles-mêmes liées aux confréries françaises qui construisaient les églises gothiques, et cette noblesse templière, souvent d'origine française, qui s'assimile difficilement à la société écossaise et va trouver dans les rites du compagnonnage un moyen de maintenir ses propres traditions. Les Sinclair de l'église de Rosslyn sont le symbole vivant de cette première époque de la franc-maçonnerie.

Il y a ainsi une origine écossaise de la franc-maçonnerie qui relie la franc-maçonnerie au Temple. Ce qui est ici en rapport, ce sont des hommes, mais peu les doctrines. Tout ce qui apparaît de ces confréries de tailleurs de pierre, c'est qu'elles vont devenir le berceau des francs-maçons modernes, dans la mesure où elles acceptent dans leurs rangs, dès le XVe siècle, à côté des « maçons opératifs », des gens qui ne le sont plus, mais qu'on appellera des « maçons spéculatifs ». Ce ne sont pas encore des intellectuels, mais des nobles. La volonté de groupes humains liés au Temple de prolonger des liens familiaux, des liens de solidarité, malgré la persécution, est avérée.

Il n'est né de l'Ecosse ou de la franc-maçonnerie écossaise qui est déjà bien présente au XVIᵉ siècle aucun discours anticlérical, aucune ré-interprétation radicale, païenne, philo-musulmane ou philo-juive de la tradition chrétienne.

En revanche, on voit que la franc-maçonnerie écossaise opère la synthèse avec un christianisme dévot, mais aussi en partie tenté par l'hérésie ; c'est le christianisme de Jean ou « johannique ». Comme on l'a vu, ce christianisme johannique a cheminé pendant une partie du Moyen Age et explose en sociétés mi-secrètes mi-discrètes, les confréries notamment de tailleurs de pierres, qui se réclament de Jean et qui le placent presque sur un pied équivalent à Jésus, comme l'un des deux fondateurs de la doctrine chrétienne.

Dans le johannisme des origines, celui du moine calabrais et prophète italien Joachim de Flore qui annonce au XIIIᵉ siècle la fin des temps et la conversion massive à un christianisme épuré de ses excès, il y a une critique à peine celée de l'institution de l'Eglise, mais pas nécessairement de tous ses dogmes, car nous sommes à une époque où les textes sont encore peu écrits. Mais si nous avions été confrontés à une volonté théologico-politique de remettre en cause profondément le récit des Evangiles, nous aurions vu des procès en rafales, après celui des Templiers.

Rappelons que peu après, au XVe siècle, Jan Hus, le grand réformateur tchèque, considéré par Luther comme le vrai précurseur de la Réforme, est brûlé à Bâle. Pourtant les thèses de Jan Hus étaient loin d'atteindre en ambition et en iconoclastie ce que le récit choisi par Dan Brown et ses prédécesseurs nous laisse entendre... Il y a, c'est vrai, des courants qui vont devenir progressivement antichrétiens, ou refondateurs de la religion chrétienne à la Renaissance, mais ces courants ne sont nullement ésotériques, nullement détenteurs de secrets que l'on ne peut guère présenter au vulgaire. L'idée d'une conspiration templière qui se poursuit à travers la survie du Temple, même s'il y est fait allusion favorablement, ce n'est que le retournement de la théorie du complot satanique mise à flot par des auteurs comme l'abbé Barruel, qui, au début du XIXe siècle, imputait aux Lumières la Révolution française et faisait du bannissement des Jésuites, à partir de 1750, le premier acte de cette revanche de forces laïques hostiles à la chrétienté.

L'ordre du Temple n'a jamais été cela, et c'est pourquoi il n'a pas été le réceptacle d'une doctrine antichrétienne radicale. Il y a néanmoins un climat d'hétérodoxie qui flotte autour du Temple qui a favorisé l'émergence d'histoires ou de conceptions qui – nous sommes au Moyen Age – tendent toujours à se trouver un passé fabuleux plutôt qu'à s'assumer un présent immédiat.

Autrement dit, que les Templiers aient été un phénomène social extrêmement important; qu'ils aient répandu des légendes d'origine musulmane ou favorisé une théologie beaucoup plus complexe; qu'ils aient servi après le déclin de la principauté languedocienne de Raymond VII de Toulouse de position refuge pour un certain nombre d'idées, c'est certain.

Il est très utile aux mystificateurs de rassembler tous les fils, pour donner l'idée d'une cohérence totale. Mais nous savons que l'histoire n'est pas parfaitement cohérente.

Il y a bien un ordre du Temple. Il y a bien une théologie templière, ou plutôt il y a un mauvais esprit templier. Mais il n'y a pas une secte templière et surtout pas un Prieuré de Sion qui, à l'intérieur même du Temple et depuis sa fondation, aurait voulu en faire une arme de combat contre l'Eglise. Ce sont des mythes du XIXe siècle qui, sous la forme de la restauration de l'ordre du Temple et en se réclamant de la mystique obscure de Wolfram von Eschenbach, donnent naissance, dans l'Allemagne du même siècle, à un paganisme ou à un néo-paganisme qui est l'une des sources de l'idéologie nazie.

De Léonard de Vinci à la « rose ligne »

Léonard de Vinci, et avec lui les plus grands génies de la Renaissance depuis Botticelli jusqu'à Michel-Ange, ont-ils été les continuateurs d'une tradition templière ésotérique, comme le prétendent les « listes des maîtres du Prieuré de Sion », fournies par Plantard et par des sources ésotériques anglaises ? Là encore, nous devons déconstruire.

Il est incontestable que le Moyen Age a accumulé au travers de ses crises religieuses toute une dissidence. Mais celle-ci n'a pas une forme logique achevée. Elle est le résultat de révoltes sporadiques opposées par des clercs, depuis Abélard dès le XIIe siècle jusqu'à Jan Hus, dans la Prague du XIVe siècle, ou Wycliffe, chanoine d'Oxford et précurseur de Jan Hus, qui sera le premier traducteur hébraïsant de la Bible en anglais, en passant par Raymond Lulle en Catalogne. Tous accumulent des griefs qui deviennent éléments de polémique et de réflexion philosophique dans un processus qui, au départ, n'est pas concerté. A partir du début du XVIe siècle, ces éléments disparates vont mettre en branle à la fois la Renaissance et la Réforme.

Mais nous sommes loin de disposer ici d'une doctrine unifiée et il suffit de penser à ce qu'étaient les difficultés de communication au Moyen Age, le lent acheminement des lettres, le contrôle religieux total sur les universités, pour comprendre qu'une telle tâche excédait de beaucoup la bonne volonté de quelques-uns.

Peut-on imaginer que certains pouvoirs religieux, certains rois, certaines dynasties, aient protégé cette mal-pensance ? C'est aller un peu vite en besogne. S'il y a une forme de pensée qui commence à passionner les intellectuels au Moyen Age, c'est l'alchimie, c'est-à-dire la capacité de produire des médicaments (en cela l'alchimie est le véritable ancêtre de la chimie), mais aussi des philtres d'amour et, pourquoi pas, le « grand œuvre », une transmutation des métaux – dont la pénurie sera chronique au Moyen

Age jusqu'à la découverte des grands trésors d'Amérique au XVIe siècle.

Nous avons ainsi des rois ou des princes qui accordent leur protection à l'alchimie. Autour de l'alchimie bien sûr, toutes sortes de pensées hérétiques se déploient. C'est la raison pour laquelle la franc-maçonnerie du XVIIIe siècle, dans la synthèse qu'elle fait de toutes les contestations antérieures à elle, s'est aussi approprié un certain nombre de thématiques de l'alchimie, ou utilise volontiers un vocabulaire alchimique pour décrire certaines opérations et transmutations de l'esprit.

Nous assistons, à partir du XVe siècle, à l'émergence d'une sorte de masse critique d'idées hérétiques. Cette masse critique hétérodoxe s'appuie sur des organisations qui sont les moins contrôlées par l'Eglise et développe une religiosité populaire indépendante, c'est une quasi-certitude. Nous avons évoqué les tailleurs de pierre opérant depuis la France jusqu'à la lointaine Ecosse, en passant par l'Angleterre, les Flandres et la vallée du Rhin. On devrait aussi parler de ces corporations de métiers qui, dans les républiques italiennes, rassemblent à la fois des artisans et ceux qu'on appellera un jour des intellectuels : Dante, par exemple, qui n'a jamais fait qu'écrire dans sa vie, était rattaché à Florence à la corporation des pharmaciens, laquelle comprenait un grand nombre d'alchimistes. Cette contestation a commencé à prendre racine dans le cadre de ce XVe siècle inquiet, qui est pour la France la terrible apogée de la guerre de Cent Ans. Il est certain qu'à cette époque, les souvenirs du Temple et la réprobation de la persécution dont ce grand ordre chevaleresque a été victime, gagnent en importance.

Il ne fait pas de doute, comme on l'a vu, que l'entourage de Jeanne d'Arc est très influencé par des conceptions templières nostalgiques. L'étendard que Jeanne d'Arc recueille, ressemble singulièrement au Baussant, le vieil étendard templier. Les familles de Lorraine, qui accordent à la jeune paysanne leur premier appui, sont toutes des familles liées à la croisade, à la fondation de l'ordre du Temple, à Bernard de Clairvaux, à Hugues de Payns, à l'ensemble de ces aventuriers du XIIe siècle qui ont créé cet ordre. Mais on trouve aussi dans l'entourage de Jeanne d'Arc des personnages intellectuellement considérables, comme René d'Anjou, le « bon roi René », qui a voulu faire du comté de Provence, dont il sera le véritable prince féodal, le lieu privilégié d'une Renaissance précoce, faisant de cette partie du sud de la France la rivale potentielle de la Toscane et du royaume de Naples. René d'Anjou est connu pour la protection qu'il accorde constamment aux alchimistes, aux juifs et aux disciples du mystérieux Nicolas Flamel.

A l'autre pôle de l'occultisme médiéval, celui-là plus sombre, Gilles de Rais, autre compagnon de Jeanne d'Arc, sera le célèbre assassin dont Charles Perrault fera Barbe-Bleue. Entre l'assassin d'enfants Gilles de Rais et l'alchimiste de magie blanche René d'Anjou, il y a un entourage ésotérique, que l'on retrouve massé autour de la pucelle d'Orléans.

Est-ce un hasard? C'est à cette époque que commence à apparaître le mythe de la « ligne rouge » – dont la chapelle écossaise de Rosslyn est la traduction imagée –, une ligne rouge, ou rose, la « roseline », qui rejoint Paris et Rennes-le-Château en passant par Bourges où se produit la rencontre de Jeanne d'Arc et de Charles VII encore dauphin. Paris, capitale du royaume de France, est aussi la capitale des alchimistes, comme Bourges est un grand centre alchimiste et le lieu de naissance de Jacques Cœur. Cette ligne deviendra ultérieurement le méridien de Paris, rival de celui de Greenwich. Ils sont jalonnés l'un et l'autre par une grande œuvre inspirée par la Rose-Croix : Saint-Sulpice dans le premier cas, l'Observatoire et l'hospice de Greenwich, dans le second.

Mais ce qui provoque, chez Léonard de Vinci et ses émules, une véritable efflorescence de l'hétérodoxie, c'est le climat qui règne alors en Italie. La liberté politique que la pluralité des républiques italiennes a créée, la transmission par l'Empire byzantin déclinant, à travers les républiques marchandes de Gênes, Pise et Venise, des trésors de la littérature et de la philosophie grecques, un courant de traduction du grec et bientôt de l'hébreu de plus en plus important, tout cela est un accélérateur d'émancipation du dogme. Ce courant n'a rien d'ésotérique en soi. Mais il produit un renouveau de l'ésotérisme car, face au pouvoir religieux, les humanistes, comme on va les appeler, qui s'imposent spectaculairement à la fois dans le domaine de l'art et dans celui de la pensée, tendent à se regrouper et à se transformer en sociétés d'échange intellectuel.

Il s'agit chaque fois de sociétés à moitié secrètes, ou qui présentent un visage anodin – les académies, dont la première, l'académie des Lyncées, s'est formée dans l'entourage des Médicis. Ces académies ont un « visage intérieur » initiatique qui joue comme un métal conducteur dans la transmission d'un certain nombre de traditions. Il ne fait pas de doute que Léonard de Vinci a partagé le christianisme johannique de Joachim de Flore. Celui-ci comportait une adhésion pleine et fervente au début de l'Evangile de Jean : « Au commencement était le Verbe... », c'est-à-dire à une philosophie occulte, dans laquelle la parole de Dieu insufflait un rythme et une structure à l'Etre qui échappait au vulgaire.

C'est ainsi que le « kabbalisme chrétien » venu d'Espagne et passé en Italie commence à gagner ses adeptes, soutenant l'idée qu'il existe une structure mathématique absolue de l'univers, et donc un caractère intelligible de notre monde. C'est dans une telle ambiance que renaît la perspective géométrique, c'est-à-dire l'organisation du tableau selon une mathématique certaine, qui retrouve le dessein de Dieu.

La peinture de Léonard de Vinci exprime cet

ensemble conceptuel, c'est évident. Elle s'accompagne d'une vision d'ingénieur, celle d'un futur bouleversant, dans lequel les canons, les mitrailleuses, les hélicoptères, les machines de toute sorte, sont conçues comme autant de dispositifs qui font voler en éclats le monde ancien.

Que dans ces conditions Léonard de Vinci ait également été détenteur de secrets religieux transmis de bouche à oreille, c'est très possible. La plupart d'entre eux sont sans rapport avec l'ordre des Templiers, bien qu'un certain nombre d'ésotéristes anglais aient prétendu le contraire au XXe siècle et inspiré une série de livres à deux journalistes d'investigation, Lynn Pincknett et Clive Prince, qui prétendent que Léonard de Vinci appartenait à des cercles d'inspiration templière. Bien étonnant qu'il y ait eu de tels cercles en Italie où le Temple était très faiblement représenté à son apogée, bien que René d'Anjou, roi de Naples, ait pu protéger des alchimistes italiens et des rabbins napolitains que cite imprudemment l'abbé Montfaucon de Villars. Nos auteurs affirment aussi que le linceul de Turin aurait été plus ou moins retravaillé par Léonard de Vinci, de manière à faire apparaître en surimpression le visage du Christ, ce qui est possible. Mais ces deux auteurs prétendent également que ce linceul n'était pas celui du Christ, mais celui de Jacques de Molay, passé de génération en génération de Templiers clandestins ou sympathisants jusqu'aux mains du grand génie de la Renaissance italienne... Ce récit est cousu de fil blanc.

Quant à Marie-Madeleine représentée secrètement par Léonard de Vinci dans *La Cène*... C'est vrai que Marie-Madeleine fait partie de la dévotion des Templiers, mais aussi des Hospitaliers, leurs rivaux très orthodoxes, pendant toute l'époque de la Terre sainte. Il faut y voir une réhabilitation de la femme, que l'on retrouve dans l'amour courtois, qui gagnera ensuite l'Allemagne, où il cristallisera le mythe de Tristan et Yseult.

En réalité, si on devait faire le compte des dévots de Marie-Madeleine au Moyen Age, on trouverait bien des personnalités dont l'orthodoxie ne fait aucun doute, à commencer par François d'Assise. Il est plus vraisemblable que Léonard de Vinci ait participé à des cercles ésotériques florentins qui remettaient partiellement en cause le dogme chrétien, en tout cas sur des points essentiels, comme celui de la divinité de Jésus, de la réalité de sa crucifixion et de sa famille.

En fait, les théories sur le mariage de Jésus avec Marie-Madeleine ont vu le jour aux XIXe et XXe siècles, en particulier sous la plume d'occultistes français comme Robert Ambelain, dans des milieux marqués sans doute des idées d'Auguste Comte et du romantisme français à son apogée. On ne s'en souvient pas, mais le père du positivisme, à la fin de sa vie, était tombé dans un état d'extase devant son épouse, Clotilde de Vaux, dont il demandait que l'on organisât le culte, à l'instar de celui d'une déesse antique. Les militaires brésiliens, qui admiraient tout chez Auguste Comte, avaient ainsi organisé un culte discret pour le personnage de Clotilde de Vaux, l'équivalent moderne d'un culte magdalénien. N'allons pas y voir une influence templière...

C'est à dessein que, dans une période d'extrême confusion, le XIXe siècle, on s'amuse à reconstruire une doctrine unique, là où existaient de nombreuses doctrines contradictoires. Il est présomptueux d'imaginer que Léonard de Vinci, qui a évolué dans un milieu mécréant, celui des premières académies italiennes, ait été influencé par des rémanences templières. Il s'agit là d'un montage récent et médiocre.

En revanche, il est parfaitement exact que les académies italiennes ont essaimé, que ce mouvement de fécondation a duré un siècle et demi, et qu'il se retrouve à l'origine d'autres mouvements, capitaux dans l'histoire intellectuelle de l'Europe moderne.

La véritable continuité se fait entre les académies italiennes et le mouvement des Rose-Croix, comme la grande historienne britannique Frances Yates l'a établi sans conteste possible. La Réforme s'est présentée comme un mouvement de subversion radicale de l'ordre religieux, et la Réforme a déçu. Elle a d'abord déçu de nombreux intellectuels réformés qui demeuraient en même temps des humanistes convaincus et qui n'ont vu chez Luther et chez Calvin que le durcissement permanent du dogme nouveau qui s'opposait au dogme catholique, en y associant le même refus du dialogue et la même intolérance.

A mesure que les guerres de religion s'exacerbaient, une espèce de parti théologico-politique du centre, qui en France portera précisément le nom de « parti des politiques », se crée avec des personnalités comme Montaigne, Jean Baudin, Michel de l'Hôpital ; le mage John Dee et l'ensemble du milieu shakespearien en Angleterre ; l'entourage de l'empereur Rodolphe de Habsbourg à Prague ; de nombreux alchimistes ; les humanistes vénitiens proches de Véronèse ; les kabbalistes chrétiens nombreux dans les académies italiennes, de nombreux peintres aussi. L'ensemble de ces groupes humanistes font partie de sociétés secrètes qui commencent à coopérer les unes avec les autres, sous l'empire de la nécessité qu'incarne la conjonction de la puissance espagnole des Habsbourg et du dogme jésuite de la Contre-Réforme en pleine expansion. Le grand Giordano Bruno, qui sera brûlé sur le campo dei Fiori de Rome, en 1600, était on le sait un agent politique de la reine Elisabeth d'Angleterre et des rois Henri III puis Henri IV de France. Il a payé pour ses audaces philosophiques, mais aussi pour ses engagements politiques, l'Espagne et l'Inquisition romaine étant sur sa trace pour des raisons bien compréhensibles. C'était l'un des principaux fondateurs de la Rose-Croix.

Ces mouvements vont commencer à s'unifier

et ils le font sur un mélange d'acceptation de l'héritage du judaïsme, le kabbalisme chrétien, de tolérance revendiquée, avec aussi l'acceptation de la transformation des rapports des individus et de l'Etat : c'est la réapparition de l'idée républicaine, elle-même étroitement liée à la Renaissance et à la réhabilitation de la cité grecque. Cet ensemble de doctrines va émerger sous le nom de Rose-Croix.

La fin du mythe de Rennes-le-Château

Il y a une littérature rosicrucienne explicite, celle du pasteur Johann Valentin Andrae, *Les noces chymiques de Christian Rosenkreutz* ; ou encore la *Fama fraternitatis*. Ces ouvrages fondateurs ne nous sont pas d'une grande utilité pour comprendre le phénomène en question, car la Rose-Croix est une fédération assez hétérogène. Christian Rosenkreutz, le mythique cent vingt ans avant sa réapparition à ses disciples en 1604, avait entrepris une sorte de mise en sommeil. Il s'agit ici d'une allusion à la chevalerie templière et sans doute à son hétérodoxie, qui avait fini par constituer un thème mythique de plusieurs cénacles du Moyen Age tardif.

Il n'est pas impossible que nous ayons une petite filiation templière, qui aurait circulé avec la figure de Rosenkreutz à partir de l'Allemagne, des Minnesänger, héritiers d'Eschenbach. Cette filiation n'est pas la seule, car elle ne fournit pas d'explication exhaustive à l'émergence des grands noyaux italiens, anglais et français, de la Rose-Croix. Les uns comme les autres s'efforcent d'assurer le dialogue entre catholiques modérés, protestants modérés et déistes pour créer, sur les cendres des guerres de religion, une pensée mystique et rationaliste à la fois, qui conduise les élites intellectuelles de l'Europe vers une humanité libérée du dogme et de ses cruautés.

C'est la raison pour laquelle la Rose-Croix est parvenue à fédérer en son sein des personnalités et des doctrines qui n'étaient pas nécessairement compatibles en totalité les unes avec les autres. C'est cet effort héroïque de la Rose-Croix qui se retrouve dans la constitution de la franc-maçonnerie classique un siècle plus tard, à partir de 1717, et sous l'initiative de l'Invisible Société. La filiation a été établie là encore par Frances Yates : c'est « l'Invisible Société », dernière mouture de la Rose-Croix britannique, qui va donner vie à la Royal Society, l'académie britannique dans laquelle se retrouvent l'architecte de la cathédrale Saint-Paul, Christopher Wren, Isaac Newton, Robert Boyle et un certain nombre d'humanistes, voire d'alchimistes, tels Elias Ashmole d'Oxford et des personnages plus fuligineux qui, les uns comme les autres, faisaient partie de ces cercles discrets, scientifiques à l'extérieur, ésotériques et alchimiques en leur cœur.

A partir de la naissance de la Royal Society, le collège n'est plus « invisible » et peu après, cette Royal Society va engendrer, sans que ses membres en fassent encore partie officiellement, une nouvelle franc-maçonnerie qui déploie son existence au grand jour, à partir de la cathédrale Saint-Paul de Londres. Nous sommes en 1717, et c'est un tournant dans l'histoire des sociétés secrètes : elles ne le sont désormais plus tout à fait car, si la franc-maçonnerie peut être appelée « société discrète », elle a comme mérite historique et comme caractère essentiel de sortir du complot et de l'ombre, pour propager les Lumières dans un nouveau climat de tolérance.

Mais avant cela, il y eut la Rose-Croix, à l'échelle européenne. En France, elle a essentiellement misé sur une tendance libérale du catholicisme français, le premier jansénisme. Le calvinisme français était alors trop convaincu de mener le bon combat pour se laisser entraîner par l'ambiguïté de cette nouvelle société secrète.

Tout autre, le parti catholique modéré, dont le cardinal de Richelieu sera l'expression la plus haute sur le plan de la politique pure. Que veut ce parti ? Essentiellement dissocier l'Eglise catholique du culte des saints, de sa hiérarchie ecclésiale, de son acceptation de sa tradition historique telle qu'elle a été redéfinie au concile de Trente. Mais ce parti ne veut entendre parler ni de subordination au pape, ni d'ultramontanisme, ni de subordination politique aux ambitions de la maison de Habsbourg, ni enfin du dogme jésuite de la liberté et du salut par les œuvres, qui finit par conduire le catholicisme à une forme de néo-paganisme latin.

Le jansénisme, c'est Pascal ; c'est Racine ; c'est La Rochefoucauld. C'est l'un des épisodes littéraires et intellectuels les plus importants de l'histoire de France. C'est aussi un dialogue permanent avec d'autres branches de la Rose-Croix, protestantes comme catholiques, notamment en Italie où Nicolas Poussin se trouve placé au centre de toute une activité ésotérique.

Or, c'est ici, et ici seulement, que commence

à se répandre la légende du mystère véritable de Rennes-le-Château, autour de personnages centraux du parti janséniste et rosicrucien, Nicolas Pavillon qui, avec son ami Jean-Jacques Olier, est l'un des principaux héritiers spirituels de Vincent de Paul et l'un des pères fondateurs du grand élan religieux qui aboutira à l'édification de Saint-Sulpice. C'est Pavillon qui commence à labourer, en tous sens, ces terres oubliées du Languedoc, pendant que Jean-Jacques Olier organise la décoration ésotérique initiale de Saint-Sulpice. De même que ce sont ces hommes, ou des proches, qui conduisent Nicolas Poussin à peindre les *Bergers d'Arcadie*.

Comment la Rose-Croix est-elle arrivée à connaître le secret de Rennes-le-Château ou du moins certains de ses secrets et mystères ? C'est une question qui n'a pas à ce jour trouvé de véritable solution, sinon que l'on peut imaginer que l'alignement de Saint-Sulpice sur Rennes-le-Château, la « rose ligne », et la formalisation du méridien de Paris par Cassini, sont des faits historiques de caractère ésotérique qui relient des groupes de libres-penseurs religieux français à une tradition ancienne, selon laquelle des tombeaux et trésors conféreraient à la France une bénédiction particulière. Ici, l'abbé Montfaucon de Villars, le neveu de Nicolas Pavillon, nous indique une transmission qui passe des grandes familles occitanes détentrices du secret à René d'Anjou, et plus haut à Nicolas Flamel.

On peut imaginer que Nicolas Pavillon et ses amis ont pensé que le Temple de Jérusalem et son legs se trouvaient là, sous leurs pieds. On peut imaginer aussi qu'une transmission a été opérée par certaines familles féodales descendantes de Guilhem de Gellone, sur l'existence de trésors laissés par le « royaume juif carolingien » dans plusieurs lieux du royaume de France, et dont l'œuvre de l'alchimiste Nicolas Flamel et ses allusions directes à la figure d'Abraham le juif seraient une précieuse indication. Comme nous l'avons vu, il y a une identité remarquable et étonnante, celle de la mythologie normande et audoise, avec des interférences constantes entre Gisors et Rennes-le-Château, Rouen et Narbonne. Or, les deux occurrences incontestables où nous voyons apparaître un Roi des juifs, c'est l'Aude et Narbonne, sous Charlemagne, et c'est ensuite, au XIIe siècle, à Rouen, dans la Normandie alors protégée par la famille des Plantagenêt, rois en Angleterre.

Par la suite, on ne parlera plus jamais de Roi des juifs et il faudra des fouilles archéologiques au XXe siècle pour que réapparaisse, dans toute son ampleur, un ensemble synagogal important à Rouen.

Ces familles d'origine juive ou mêlées à la vie de Guilhem de Gellone n'ont connu ni le secret de Jésus ni même les secrets islamisants de l'ordre du Temple, mais plutôt une tradition selon laquelle des trésors importants demeuraient enterrés dans ces deux endroits, en rapport avec le magistère du Roi des juifs. Ces trésors importants sont presque nécessairement les trésors de Guilhem de Gellone. Et si Gellone a été à la recherche d'un trésor, dont il a pu s'emparer, ce ne peut être que celui du Temple de Jérusalem.

Ainsi naît dans la Rose-Croix la légende d'un Temple de Jérusalem qui aurait essaimé en laissant ses traces en France. C'est à ce moment-là qu'un homme presque seul, Nicolas Pavillon, rassemble tous les fils épars du mystère, y compris la « rose ligne », pour en constituer la trame d'un récit ésotérique. Si l'Angleterre donne Newton, la France donne le trésor de Rennes-le-Château.

Ce trésor est surtout l'occasion de tisser une mythologie bien dans l'esprit du XVIIe siècle. Cette mythologie va accueillir deux magnifiques tableaux de Delacroix qui sont une des clefs pour déchiffrer ce mystère.

Ces deux tableaux se rattachent en effet à l'Ancien Testament. Le premier, qui est assez spectaculaire par sa construction presque baroque, est peu commenté. Il s'agit de l'histoire d'Héliodore, le grand prêtre du Temple de Jérusalem rallié au monarque séleucide Antiochos III, précipité du haut du Temple par les partisans des Macchabées en révolte contre l'hellénisation forcée. Le thème est assez clairement celui du rétablissement d'un culte enfin purifié dans le Temple de Jérusalem après les déviations paganisantes qui en avaient altéré le sens. Sans doute peut-on lire une pointe antipontificale qui annonce le triomphe d'un christianisme véridique, d'une religion épurée de l'idolâtrie, qui se substituerait à l'ancienne, la victoire du jansénisme de Saint-Sulpice sur le relâchement de Rome. Mais ce tableau n'est pas le plus réussi des deux œuvres commandées à Delacroix.

Par contre, celui qui reste un chef-d'œuvre

inégalé représente le combat de Jacob et de l'Ange. Que symbolise cet affrontement que Delacroix a voulu immortaliser ? Probablement, le combat de l'humanité pensante contre une vérité divine qui se livre, qui se cache, et qui l'oblige à un combat permanent. C'est peut-être le testament le plus poignant de la Rose-Croix, la confession héroïsante des sociétés de pensée de l'époque classique qui vont être entraînées dans le grand courant de la franc-maçonnerie moderne et du laïcisme contemporain.

Ce clin d'œil de Delacroix reste là à nous provoquer, beaucoup plus que le gnomon, cette horloge astronomique qui est installée sur le méridien de Paris, au milieu de l'église, et qui indique l'alignement qui conduit à Rennes-le-Château et au château catalan de Montserrat, après être passé par la Bourges alchimiste.

Mais y a-t-il là une idée de l'humanité de Jésus et de Marie-Madeleine qui serait exprimée dans l'allégorie ? Rien ne permet de le penser. Il s'agirait beaucoup plus d'une continuité affirmée entre le Temple de Jérusalem sauvé par la France et la reconstruction du Temple par une nouvelle humanité qui serait le résultat d'une critique radicale de plusieurs siècles, dirigée contre des impasses du christianisme. Cette idée de l'établissement en majesté d'un christianisme nouveau, d'un christianisme vrai, catholique et romain, ne peut s'opérer à l'époque qu'à travers le long travail des sociétés secrètes.

Mais cette affaire sublime est menacée, non plus par l'intolérance catholique ou le dogme protestant, organisateurs de bûchers, mais par les facilités de vie spirituelle que le XVIIIe siècle va offrir à un monde qui cherche à s'émanciper de la domination d'une religion trop autoritaire. Le grand ennemi involontaire de la Rose-Croix, ce sont les Lumières. Au XVIIIe siècle se développent les idées que l'on lit chez Voltaire, chez Montesquieu, la tolérance, l'irréligion, le doute radical porté sur tous les dogmes et qui va à sa manière cheminer du XVIIIe au XIXe siècle, et du XIXe au XXe siècle, ravageant au passage tous les restes spirituels de la légende thésauraire.

C'est dans des recoins de la franc-maçonnerie qui résiste aux Lumières trop éblouissantes, et dans un monde obscur et complexe, celui d'une franc-maçonnerie spiritualiste et chrétienne, que se reconstitue un ésotérisme qui va ranimer peu à peu l'intérêt pour l'entreprise interrompue de Nicolas Pavillon, tout simplement par transmission érudite des obsessions de la compagnie de Saint-Sulpice. Après l'orage révolutionnaire, celles-ci sont recueillies par Charles Nodier, le bibliothécaire de l'Arsenal, et c'est alors que commence l'affaire de Rennes-le-Château proprement dite.

Que le trésor se trouve à Rennes-le-Château, ou pas très loin, au pied du pic Bugarach, à Rennes-les-Bains, ou dans d'autres sites récemment envisagés de l'Aude comme Périllos, personne ne le sait. Et si j'ose dire, personne ne l'a jamais su.

Et c'est Bérenger Saunière, un aventurier bien dans l'esprit de ce dernier XIXe siècle, qui va s'atteler à la tâche, aidé par ses prédécesseurs et aînés, Boudet et Gélis.

Saunière, en homme habile, parvient à faire danser toutes les sociétés secrètes autour de son foyer. Au fond, les mânes de Saunière continuent à réussir le même exploit, cette fois-ci amplifié par des écrivains britanniques et français. Ils continuent à répandre les légendes, même s'il y a bel et bien un merveilleux ensemble monumental, dans ce village perdu des Corbières, avec des ressources intraçables à ce jour.

Des versions plus anciennes couraient déjà, et ont inspiré très tôt telle ou telle allusion allégorique chez Jules Verne. Nous avons ici la démonstration *in vitro* de la manière dont un mythe commence comme une avalanche, à enchâsser des récits les uns sur les autres et à prendre des proportions de plus en plus grandes, provoquant une sorte de *big bang* final.

Pour terminer, une ultime remarque : le plus important dans une mythologie, ce n'est pas sa genèse, c'est son aboutissement, c'est la puissance du mouvement social, du mouvement intellectuel, du mouvement émotif qui conduit cette mythologie.

Aujourd'hui, il y a une volonté de l'Occident de se ressourcer dans ses traditions, de les comprendre différemment et de retrouver, après la fin du christianisme dogmatique, une religion du cœur et de l'esprit, une religion qui reparcourrait le même chemin que l'histoire officielle, mais en le réinterprétant d'une manière sensiblement différente. Tout cela pour le meilleur et pour le pire.

Ce mouvement est bien loin d'être terminé. L'affaire Dan Brown n'en est qu'un indice, grossi cent fois. Elle nous oblige à faire la part entre l'histoire et la rêverie, entre la raison et les fantasmagories. Mais le scepticisme intégral, si j'ose dire, n'a pas toujours raison. Et l'histoire du mouvement spirituel à moitié conscient que nous traversons, qu'il faudra un jour comprendre, expliquer, raisonner, prolonger, n'est pas encore écrite.

Bibliographie

Je livre ici une bibliographie non exhaustive, qui mêle de grands ouvrages historiques de référence, et des textes parfois beaucoup moins sérieux. Je mets de côté les œuvres littéraires plus ou moins célèbres que j'ai citées, partout disponibles, de Voltaire à Barrès, de Nerval à Nodier, de Michelet à Jules Verne et à Maurice Leblanc. Internet propose aussi un nombre très important de sites, en particulier sur Marie-Madeleine, qui méritent d'être visités, tant par les hypothèses qu'ils expriment – entre histoire et purs délires –, que par la passion qu'ils révèlent.

AMBELAIN, Robert, *Jésus ou le mortel secret des Templiers*, Robert Laffont, 1970.

BAIGENT, Michael (avec Leigh et Lincoln), *L'énigme sacrée*, Pygmalion, 1983 et 1987, 2 volumes.

BARBER, Malcolm, *The new knighthood : a history of the Order of the Temple*, Cambridge, Cambridge University Press, 1994.

BEDU, Jean-Jacques, *Rennes-le-Château : autopsie d'un mythe*, Loubatières, 2002.

BORDONOVE, Georges, *Les Templiers*, Paris, Fayard, 1977.

BOUDET, Henri, *La vraie langue celtique et le Cromleck de Rennes-les-Bains*, L'Œil du Sphinx, 2006 (fac-simile de l'édition de Carcassonne, impression de 1886).

CARMONA, Michel, *La France de Richelieu*, Paris, Fayard, 1984.

CHAUMEIL, Jean-Luc, *Le trésor des Templiers et son royal secret*, Trédaniel, 1994.

CHEVALLIER, Pierre :

— *Histoire de la franc-maçonnerie française*, Paris, Fayard, « Les Grandes études historiques ».

— *Louis XIII*, Paris, Fayard, 1979.

CONTRUCCI, Jean, *Emma Calvé : la diva du siècle*, Albin Michel, 1989.

DAFFOS, Pierre, *Rennes-le-Château, le secret dérobé*, L'Œil du Sphinx, 2005.

DELPOUX, Charles, « Les comtes de Toulouse et le catharisme », *Cahiers d'études cathares*, Narbonne, 1980.

DELUMEAU, Jean, *Naissance et affirmation de la Réforme*, Paris, PUF, 2003.

DESCADEILLAS, René, *Mythologie du trésor de Rennes : histoire véritable de l'abbé Saunière, curé de Rennes-le-Château*, J.M. Savary, 1988.

DUBY, Georges et MANDROU, Robert, *Histoire de la civilisation française*, Paris, Armand Colin, 1968, 2 volumes.

ETCHEGOIN, Marie-France et LENOIR, Frédéric, *Code Da Vinci : l'enquête*, Robert Laffont, 2004.

FAVIER, Jean :

— *Philippe le Bel*, Paris, Fayard, 1978.

— *La Guerre de Cent ans*, Paris, Fayard, 1980.

— *Les Plantagenêts : origines et destin d'un empire : XIe-XIVe siècles*, Paris, Fayard, 2004.

FERTÉ, Patrick, *Arsène Lupin, supérieur inconnu. arcanes, filigranes et cryptogrammes, la clé de l'œuvre codée de Maurice Leblanc*, Trédaniel, 2004.

FOURNIER, Gabriel, *Les Mérovingiens*, Paris, PUF, « Que sais-je ? », 1978.

GALTIER, Gérard : *Maçonnerie égyptienne, Rose-Croix et néo-chevalerie*, Paris, Editions du Rocher, 1989.

GUILLEMIN, Henri, *Jeanne, dite Jeanne d'Arc*, Paris, Gallimard, 1977.

KAUFFMANN, Jean-Paul, *La lutte avec l'ange*, La Table ronde, 2001.

LAMY, Michel :

— *Jules Verne, initié et initiateur : la clé du secret de Rennes-le-Château et le trésor des rois de France*, Paris, Payot, 1994.

— *Jeanne d'Arc : histoire vraie et genèse d'un mythe*, Paris, Pocket, 1999.

— *Les Templiers : ces grands seigneurs aux blancs manteaux*, Paris, Pocket, 2001.

LE FORESTIER, René, *La franc-maçonnerie templière*

et occultiste, publié par Antoine Faivre, Arché (Milan), 2003.

MARIE, Franck, *Le surprenant message de Jules Verne*, SRES, 1982.

MANDROU, Robert, *Louis XIV en son temps*, Paris, PUF, 1978.

MONTFAUCON DE VILLARS, Nicolas Pierre Henri, *Le comte de Gabalis, un entretien sur les sciences secrètes*, Nizet, 1963.

NIEL, Fernand, *Albigeois et Cathares*, Paris, PUF, « Que sais-je ? », 1994.

PICKNETT, Lynn et CLIVE, Prince, *La révélation des Templiers : les gardiens secrets de la véritable identité du Christ*, Paris, Editions du Rocher, 1999.

PUECH, Henri-Charles :

— *En quête de la gnose*, Gallimard, 1978, 2 volumes.

— *Histoire des religions*, sous la direction de Henri-Charles Puech, Gallimard, Folio essais.

ROBIN, Jean

— *Opération Orth ou l'incroyable secret de Rennes-le-Château*, Trédaniel, 1989.

— *Rennes-le-Château, la colline envoûtée*, Trédaniel, 1982.

SÈDE (de), Gérard

— *Rennes-le-Château*, Robert Laffont, 1988.

— *Les templiers sont parmi nous ou L'énigme de Gisors*, Plon, 1976.

SIMON, Claude : *Orion aveugle*, Editions Skira.

SOCIÉTÉS SECRÈTES

THIBAUX, Jean-Michel, *Les tentations de l'abbé Saunière*, Orban, 1986.

THUILLIER, Jacques, *Nicolas Poussin*, Fayard, 1988.

YATES, Frances :
— *Raymond Lulle et Giordano Bruno*, PUF, 1999.
— *La Lumière des Rose-Croix : l'illuminisme rosicrucien*, Paris, Retz, 1978.

ZERNER-CHARDAVOINE, Monique, *La croisade albigeoise*, Paris, Gallimard, « Archives ».

ZUCKERMAN, Arthur J., *A Jewish princedom in feudal France, 768-900*, New York, London, Columbia University Press, 1972.

TABLE

Da Vinci Code, une réaction alchimique 9
Où l'on voit apparaître l'étrange Monsieur Plantard... 25
Le fabuleux Prieuré de Sion 41
Bérenger Saunière n'était-il qu'un pur mystificateur ? 59
Où l'on répond au scepticisme radical. 75
Le rôle fondamental du XVIIe siècle 91
Où l'on voit apparaître la Rose-Croix au cœur du jansénisme français 111
Les lumières de la Rose-Croix. 127
Au cœur des complots de l'âge moderne 145
Les origines templières du mythe de Rennes-le-Château. 159
Vrais et faux mystères dans l'histoire de l'ordre du Temple. 175

Les survivances véritables de l'ordre du
   Temple : Léonard de Vinci et Jeanne
   d'Arc 189
Marie-Madeleine et la découverte
   des manuscrits de Nag Hammadi 205
Marie-Madeleine et les origines de la France
   chrétienne.............................. 219
Où l'on voit apparaître le Roi des juifs 233
Où l'on sépare le vrai du faux... 247
La résistance au christianisme orthodoxe..... 257
La vacuité du mythe templier................ 269
De Léonard de Vinci à la « rose ligne » 283
La fin du mythe de Rennes-le-Château....... 297

Cet ouvrage a été imprimé par

FIRMIN DIDOT
GROUPE CPI

Mesnil-sur-l'Estrée

*pour le compte des Éditions Grasset
en mai 2007*

Imprimé en France
Dépôt légal : juin 2007
N° d'édition : 14908 – N° d'impression : 85476